Giuseppe Casti

INCONTRIal tempo del coronavirus

Giuseppe Casti

INCONTRIal tempo del coronavirus

Edizioni Sant'Antonio

Imprint
Any brand names and product names mentioned in this book are subject to trademark, brand or patent protection and are trademarks or registered trademarks of their respective holders. The use of brand names, product names, common names, trade names, product descriptions etc. even without a particular marking in this work is in no way to be construed to mean that such names may be regarded as unrestricted in respect of trademark and brand protection legislation and could thus be used by anyone.

Cover image: Fornito dall'autore

Publisher:
Edizioni Accademiche Italiane
is a trademark of
Dodo Books Indian Ocean Ltd. and OmniScriptum S.R.L publishing group

120 High Road, East Finchley, London, N2 9ED, United Kingdom
Str. Armeneasca 28/1, office 1, Chisinau MD-2012, Republic of Moldova, Europe
Managing Directors: Ieva Konstantinova, Victoria Ursu
info@omniscriptum.com

Printed at: see last page
ISBN: 978-613-8-39353-5

INCONTRI

al tempo del coronavirus

Giuseppe Casti

A mia madre Maria

Un'enorme paura colpisce oggi il nostro mondo. In tutti i paesi circola un virus che semina sgomento, angoscia e morte. La parola "pandemia" è sulla bocca di tutti: capiamo che c'è un'emergenza sanitaria per tutti i popoli della terra. Ha la forma di una corona, per questo lo chiamano "coronavirus". Per gli scienziati è il COVID-19. Sembra imminente una nuova Apocalisse. In effetti, tutti ne hanno paura. Le piazze e le strade sono deserte. I negozi, i bar sono chiusi. Anche le chiese sono vuote. Non solo non ci si abbraccia più, ma si ha persino paura di incontrare un parente o un amico: la paura del virus ha contagiato affetti e relazioni. Sembra che la morte si nasconda dentro casa. La morte? Si, la morte. La si voleva escludere persino dal vocabolario, e invece tutti i mezzi di comunicazione non fanno altro che parlare di morte che si espande a macchia d'olio. La morte non ha frontiere, anzi l'umanità si ritrova unita toccando con mano la sua fragilità e la sua vulnerabilità. E' un nemico invisibile e sfuggente, insidioso, subdolo. Si è abbattuto sulle nostre vite imponendo una brusca frenata alle nostre abitudini e facendo crollare molte delle nostre certezze. Davanti a questo pericolo si dimentica persino che sulle nostre teste ronzano bombe atomiche, che i nostri arsenali racchiudono sufficiente potenza per far saltare in aria l'intero pianeta in un'enorme esplosione di odio finale. La fine del mondo è già cominciata?

Innegabilmente in questo nostro tempo si susseguono catastrofi di ogni tipo. Maree nere e terremoti. Catastrofi industriali. Sconvolgimenti ecologici e sociali. Recrudescenza della criminalità. Perfino certe incomprensibili variazioni climatiche: «Non esistono più le stagioni!».

Siamo appena usciti, e a fatica, dal grande cataclisma della seconda guerra mondiale, con i suoi 55 milioni di morti. Gli storici hanno contato, dalla fine della seconda guerra mondiale a oggi circa 150 guerre locali con decine di milioni di morti. Tutto questo l'abbiamo dimenticato fino al punto di crederci immortali. Abbiamo dimenticato che l'uomo raggiunge la piena maturazione di sé quando acquisisce la consapevolezza di essere in cammino verso la propria morte.

Visto globalmente, questo complesso disparato di disgrazie di ogni tipo può far nascere l'idea che si stia avvicinando uno spaventoso sconvolgimento. Di qui una sorda angoscia che spiega il successo incredibile dei movimenti escatologici, quelli cioè che annunciano la fine dei tempi. La maggior parte delle sette trovano in questa paura il loro punto di appoggio. Appena aprite le porte e permettete loro di entrare, annunciano la fine del presente malvagio sistema di cose. Tutti speculano sulla prossima fine del mondo, sull'avvento di una nuova era. L'inizio dell'anno duemila fa riaffiorare in molti quel moto di paura che si usa collegare ai terrori dell'anno mille del Medioevo. La paura della miseria; la paura dell'altro; la paura delle epidemie; la paura della violenza; la paura dell'aldilà. Di qui una vera esplosione di profezie, l'una più catastrofica dell'altra. E' il ritorno dei millenarismi. Con questo termine si indica la credenza nell'avvento del regno di Gesù per mille anni su una terra ridiventata un paradiso. Nel Medioevo i movimenti religiosi riunirono in esplosioni passionali e fanatiche folle di poveri che aspiravano a migliorare le loro condizioni materiali di vita.

Anche oggi troviamo in molti la stessa protesta contro una società dove si soffrono l'anonimato, la mancanza di rapporti e di riconoscimento sociale. Perciò, dopo la distruzione di questo mondo, si aspetta la venuta d'un altro mondo, migliore. Il moltiplicarsi delle sette rivela quanto è forte la delusione di molti di fronte al fallimento del tipo di società proposta: un mondo che non ha mantenuto le sue promesse.

All'inizio del Duemila, il tempo della fine del mondo è il punto di confluenza di molti problemi, ma anche di un unico e grande problema: la nostra fine. Che c'è dopo?

L'umanità è a un bivio: o il terzo millennio sarà spirituale o non ci sarà futuro per l'umanità. Senza Dio l'uomo muore nelle sue relazioni e nei suoi affetti, si rinchiude in se stesso, sentendo la vita come un non-senso. Non mancano solo le bombole dell'ossigeno, manca "l'ossigeno", un'aria diversa, pulita, purificata da tutti i virus in circolazione. "Tutto andrà bene", ma voler estromettere Dio dalla vita pubblica non rende la società certamente migliore. Anzi, ne mette in evidenza gli aspetti deteriori. Se si perde Dio si smarrisce anche il senso dell'umano, che ci rende una sola famiglia. Una società "liquida", senza valori, rischia di essere una moderna "Torre di Babele". Per questo, trasgredendo tutte le norme, ho deciso di uscire dalla mia quarantena e di incontrare persone che, in altri tempi, hanno conosciuto la nostra stessa paura o angoscia, ma hanno aperto una breccia, uno spiraglio di luce, in quel muro oscuro e impenetrabile che è la morte. Certo, sono incontri speciali in un tempo di pandemia sospeso e senza confini, ma questi incontri possono riaccendere la piccola fiamma della speranza in fondo al tunnel. Dalla paura può nascere una nuova umanità.

MYRIAM

Dalle acque del lago emergeva solenne la grande torre. Per i pescatori era il faro che li guidava durante la notte. Una sicurezza quando il cielo si oscurava e le tempeste improvvise mettevano in pericolo barche e uomini. Per coloro che ritornavano dalla campagna, scorgere la sommità della torre era già sentirsi a casa. Per tutti Magdala era quella torre che si ergeva maestosa e familiare sulle acque del lago. Piccolo borgo industrioso a nord ovest del mar di Galilea dove gli uomini lavoravano il pesce salato e le donne, con mani abilissime, tessevano una finissima lana colorata. Magdala era impregnata dell'acre odore del pesce in salamoia. C'erano botteghe di pesce salato dappertutto, tanto che i Greci, con un pizzico di disprezzo, la chiamavano proprio "Tarichea", pesce salato. Ma c'erano anche tante botteghe di lana che veniva esposta al sole, a gomitoli, come variopinte ghirlande di fiori. Un paese laborioso abitato da gente semplice e schietta. La vita trascorreva tranquilla sulle rive del lago che tutti orgogliosamente chiamavano "mare". Gesù conosceva bene quel borgo perché passava da Magdala quando andava da Nazaret a Cafarnao.

I pescatori che mi hanno traghettato su questa sponda del lago sono abituati sia all'odore del pesce salato, sia al colore della lana appesa su lunghi filari lungo la strada. L'odore del pesce e il colore della lana ce l'hanno appiccicato sulla pelle. Loro traghettano la gente da una sponda all'altra: è il loro mestiere e vivono di questo. Provo a chiedere dove abita Maria, ma mi fanno capire che non hanno tempo da perdere con gli stranieri. Non mi resta che inoltrarmi e perdermi nelle viuzze di Magdala, giostrando tra panieri di pesce salato e corone di lana che penzolano dappertutto. I vecchi, agli angoli delle strade, parlano dei giorni passati. I bambini giocano spensierati al sole. Per loro non c'è passato. Il futuro è già scritto da sempre. I giorni a Magdala si rassomigliano tutti secondo un ciclo scandito dalle stagioni.

«Maria di Magdala?» Alla domanda che pongo molti scuotono la testa per dirmi che non la conoscono o che non vogliono perdere tempo con uno straniero troppo curioso. I bottegai sono presi dai loro affari. Alla fine una vecchietta, vedendomi perso in mezzo a quel bazar di ceste colme di spezie e grovigli di drappi colorati, si avvicinò: «Maria di Magdala, disse, quella che seguiva Gesù, il Nazareno?»

«Si, quella che seguiva Gesù il Nazareno», risposi. Mi fece cenno di seguirla. Nonostante l'età avanzata la vecchia tirava diritta e spedita su per una stradina che portava in cima alla collina. Si fermò davanti ad una porta in legno con qualche disegno colorato e gridò: «Maria!». La porta si aprì lentamente lasciando intravvedere appena un volto di donna che rimaneva al riparo della luce accecante del sole.

«C'è uno straniero che vuole parlarti!»

La vecchia abbozzò un leggero inchino e sparì immediatamente dietro l'angolo della strada. Non avevo avuto neppure il tempo di ringraziarla perché la mia attenzione era tutta per quella donna misteriosa che mi faceva cenno di seguirla senza dire una parola. Salimmo una scala in pietra che conduceva su una terrazza. La luce abbagliante del sole qui era mitigata da un pergolato di vite che copriva interamente la terrazza. Qualche raggio penetrava tra le foglie e i grappoli d'uva e illuminava il volto della donna. Le luci e le ombre danzavano sul suo volto aumentando il mistero su quella donna.

«Maria?», dissi tutto emozionato. La donna sorrise leggermente. Non credevo ai miei occhi. Mi trovavo di fronte alla donna che aveva seguito Gesù quando era in vita, l'aveva visto morire sulla croce e, la prima, lo aveva riconosciuto risorto. I quattro evangelisti non hanno dubbi: è lei che lo ha incontrato prima di tutti e lo ha annunciato ai fratelli. Fu la prima che si recò là dove tutto è cominciato e l'impossibile è accaduto. Cerco di scrutare il suo volto. L'età non ha alterato la sua bellezza. Ha la pelle bruna e i capelli neri che scendono abbondantemente sulle sue spalle, ma sono soprattutto i suoi occhi che colpiscono. Brillano di una luce intensa e profonda. "E' la luce della risurrezione", penso tra me.

«Ti chiederai, Maria, perché sono qui. Ho fatto un lungo viaggio da un paese lontano e da un tempo lontano che sta vivendo momenti terribili di angoscia a causa di un virus. I miei fratelli, che vivevano in uno stordimento generale di onnipotenza, ricominciano a porsi le domande sul senso della vita e della morte. Anch'io, vedendo lunghe fila di camion militari che trasportano le bare, mi chiedo che senso ha l'avventura umana, e cosa ci aspetta dopo. Certo, è un altro mondo, un'altra cultura, altri tempi, ma tu, più di ogni altra persona al mondo, puoi capire che non sono queste distanze che ci impediscono di comunicare. C'è una domanda che non conosce tempi e distanze. La domanda che è alla radice di tutte le altre domande: quel Gesù che tu hai incontrato quando era in vita e percorreva le strade dei vostri paesi, che si fermava qui a Magdala sulla riva del lago, quel Gesù che poi hai visto morire sulla croce, quel Gesù che ha dato una risposta sulla vita e sulla morte, quello stesso Gesù, l'hai visto risorto?»

La donna mi guardò intensamente. Un raggio aveva trovato un varco tra le foglie. I suoi occhi brillarono come un lampo nella notte. Restò a lungo in silenzio.

«Anche tu, straniero, vieni da lontano per farmi la stessa domanda che molti, prima di te, mi hanno già posto, sospirò dolcemente. Ma come tutti gli uomini di ogni tempo, tu vuoi delle prove. Non è vero?»

Provai un senso di vergogna, perché senza indugi aveva messo a nudo la mia realtà e la mia povertà.

«Delle prove che non ti saranno date, continuò, almeno quelle prove che cerchi tu. Perché sono già scritte nel tuo cuore: solo che non riesci a leggerle.»

«A volte non riesco a leggerle, sono indecifrabili. Altre volte non voglio. Però, a volte, ho come delle illuminazioni improvvise che riaccendono tutto. Per questo sono qui.»

«Non mi hai ancora detto il tuo nome e cominci già a scavare dentro di te. Aspetta. Ogni cosa a suo tempo. Come ti chiami?» Non sapevo cosa rispondere a una domanda così diretta.

«Sono tuo fratello... chiamami "fratello".»

«Fratello, ripeté Maria. Devi essere stanco dopo un viaggio così lungo, e poi sei ancora angosciato per quello che hai lasciato dietro di te. Un mondo pieno di sicurezze e di arroganza che adesso traballa e ha paura di un virus invisibile.» Prese un'arancia e la sbucciò con calma. La divise delicatamente a spicchi su un piatto e me la offrì.

«Mangia, fratello. Quel virus che minaccia il tuo mondo ce l'hai nel cuore. Abbiamo delle cose importanti da dirci, non è vero?»

«Si, Maria. In modo diverso, e in tempi diversi, tu ed io abbiamo incontrato Gesù, il Nazareno. Dopo tanto tempo voglio capire che cosa ha significato per te quell'incontro.»

«E' un'esperienza inesprimibile. Me lo sto ancora chiedendo cosa significa per me. Non so se troverò le parole giuste per raccontarti ciò che ho vissuto e che ha segnato per sempre la mia vita... ma ci proverò». Si alzò e si mise a contemplare il lago. Il vento agitava i suoi lunghi capelli e sembrava riportare alla sua mente ricordi vivi e fissati per sempre in modo indelebile.

«Vieni, mi disse prendendomi per mano. Vedi, fratello, tutto è cominciato lì, sulle sponde del lago. Mio marito mi aveva abbandonato perché, diceva lui, ero diventata "molto strana". Tutti mi avevano abbandonato. Avevano paura, anzi il terrore della mia presenza. Non avevano torto. C'erano momenti in cui non ero più me stessa. Una forza misteriosa s'impadroniva di me, mi strappava i vestiti, mi graffiava la carne e mi buttava per terra. Non potevo opporre nessuna resistenza perché non avevo più un briciolo di libertà o di volontà. Il demonio usava la mia vita per scagliarsi contro Dio.» Maria si fermò. Il ricordo di quei momenti riapriva ferite profonde. Quei graffi li sentiva ancora profondi e taglienti sulla sua pelle.

«Marco parla di sette demoni...», aggiungo.

«Si. Sette demoni...peggiori del vostro coronavirus. A dire il vero non so quanti erano, ma so che quella potenza diabolica manifestava tutto ciò che di più iniquo, di più malvagio, di più disumano si potesse immaginare! Sette demoni...per dire un'infinità, tutti i demoni della terra. Tutti i virus della vostra pandemia concentrati nel mio corpo. Dalla mia bocca uscivano le bestemmie più orribili. Mi costringeva a compiere i gesti più nefandi davanti a tutti. Ero una schiava che obbediva ciecamente alle potenze del male. Abitavo una solitudine gelida e tenebrosa: l'inferno!»

«Capisco cosa hai provato, Maria. Quando ero parroco a Cagliari l'arcivescovo mi nominò esorcista. Pensavo di non dovermi mai misurare direttamente con la potenza del male. Il male, per me, era solo oggetto di lettura, di discussione, di predica. Un'idea vaga, un sentimento reale ma senza contorni chiari, e soprattutto senza volto. Un'astrazione intellettuale. Finché ho visto il volto di una creatura angelica, Sabrina, diventare simile a quello di un cane rabbioso, completamente rosso e aggressivo. Umiliata a camminare a quattro zampe, come una bestia. Dalla sua bocca usciva un suono cupo, come dentro una caverna, che diceva: "E' mia!". Ma quando sentiva il nome di Gesù di Nazaret, il demonio urlava come un animale ferito a morte. In questa battaglia sapeva di essere perdente anche se continuava a graffiare il corpo delicato e inerme di Sabrina. E così fu. Dopo un anno di esorcismi, Sabrina ritrovò il suo volto tenero e delicato di un angelo e la vita normale di una ragazza di diciotto anni. Quando le chiedevo cosa provava durante i momenti in cui satana si impossessava di lei, mi rispondeva: "sono come una spettatrice impotente davanti ad un nemico che si è impossessato della tua casa e la devasta selvaggiamente". Un virus malefico che ti entra dentro e ti devasta. In effetti, al termine dell'esorcismo, Sabrina restava stesa per terra, bagnata di sudore, spossata e stremata, senza forze.»

«Si, continua Maria, quando Marco parla di "sette demoni" vuole esprimere tutta quella rabbia diabolica che si scatena contro la vita, contro tutto ciò che è bello e buono. La mia vita era diventata un covo di rabbia e di odio, ed io ne ero la spettatrice impotente. Estromessa da me stessa, umiliata davanti a tutti e senza più alcuna dignità umana. Disprezzata dalla gente del mio paese e dei dintorni. Fuggivano solo al vedermi. Ma avevo dei momenti di tregua. In quei momenti guardavo verso il lago, sperando che dall'orizzonte, un giorno, venisse qualcuno, uno più forte, a liberarmi». Maria poggiò la testa sul balcone della veranda. Restò così a lungo e io non osai disturbare quel momento di raccoglimento.

«A liberarmi... riprese, e quel giorno arrivò. Avevo notato una grande folla che si era radunata attorno ad un uomo sulla riva. Uscii di casa come spinta da una forza invisibile e andai di corsa verso il lago. Mi avvicinai furtivamente, di nascosto per paura della gente. Gli uomini erano talmente affascinati dalle parole di quell'uomo che non si accorsero neppure della mia presenza. Forse sarebbero scappati. Anch'io ascoltavo quelle parole. Erano parole nuove, come fasci di luce che ti entravano dentro per illuminare tutti gli angoli oscuri della vita. Erano parole di speranza per tutti. Nessuno si sentiva escluso, condannato. Le lacrime cominciarono a rigare il mio volto. Piangevo in silenzio, con il volto chinato verso terra, quando ho sentito una mano poggiarsi lentamente, dolcemente sulla mia testa. Alzai lo sguardo e i miei occhi incontrarono gli occhi di quell'uomo: "Miryam!", mi disse. Aveva pronunciato il mio nome! Io stessa mi ero dimenticata di avere un nome, perché tutti mi chiamavano "l'indemoniata", e lui aveva pronunciato il mio nome. "Miryam!", ripeté, e mi guardò intensamente negli occhi. Con il nome pronunciato da lui e con quello sguardo intenso, una luce potente è penetrata nella mia vita. Come il sole che splende dopo una lunga notte tenebrosa. Ricominciava una nuova vita, una nuova creazione. Ero guarita! Il demonio non aveva più nessun potere su di me. Qualcuno più forte era arrivato. Potevo, finalmente, ritornare a casa, alla mia casa. Da quel momento ho seguito quell'uomo che mi aveva restituita alla vita: quell'uomo era Gesù di Nazaret. Con lui c'erano altri discepoli che avevano lasciato tutto per seguirlo».

«C'erano altre donne?»

«Si, donne che come me avevano ritrovato il rispetto e la dignità. Quando passavamo vicino a Betania eravamo ospiti di Lazzaro, Maria e Marta. Era una casa calda, ospitale. Gesù si sentiva a casa. Parlava per ore di una nuova umanità che chiamava "regno di Dio" e noi lo ascoltavamo e… sognavamo. Sognavamo ad occhi aperti un mondo diverso, una grande famiglia dove tutti si riconoscono fratelli e sorelle. Ci diceva che quello era anche il sogno di suo Padre.»

«C'era anche quella donna, quella che i vangeli chiamano "la peccatrice"?»

«No, lei non faceva parte del gruppo dei discepoli, ma io quella donna l'ho incontrata. "La prostituta", così l'aveva marchiata la gente del quartiere. I farisei l'additavano e disprezzavano come "la peccatrice". Questo era il suo nome. Un modo per zittire la propria coscienza e nascondere subdole ambiguità e oscuri compromessi. La "peccatrice"...io la chiamerei "la profumata". "La profumata" è il suo vero nome. Tu immagini questa donna che sfida il disprezzo di coloro che si ritenevano "giusti", che va di fronte a Gesù circondato da persone rispettabili, si rannicchia ai suoi piedi, li abbraccia, li bacia, li bagna con le sue lacrime, li asciuga con i suoi capelli e poi rompe il vasetto di alabastro e li cosparge di olio profumato? Tutto questo in silenzio. Un silenzio profumato di nardo che avvolge quella sala e il mondo intero. Tra i gesti della sua esperienza umana, questo gesto di tenerezza è certamente uno dei più toccanti. Un gesto d'amore che cancella una vita sbagliata: ha molto amato. Penso che Gesù, mentre la donna cospargeva i suoi piedi con l'olio, le abbia sussurrato: "Benedetta tu, profumata, perché il tuo profumo copre il fetore nauseabondo di Simone e di tutti i suoi amici di adesso e di sempre. Questo tuo gesto di tenerezza vale più di tutta una vita scrupolosa e osservante, ma fredda e ipocrita". Io quella donna l'ho incontrata e profumava sempre di gratitudine verso quell'uomo che le aveva dato un nome e nuova dignità.»

«Tre anni con Gesù di Nazaret. Deve essere stata un'esperienza straordinaria!»

«Si, ma quel profumo era già l'unguento della morte. Un anticipo di sepoltura. Gesù, prima di morire, voleva sondare e gustare la profondità del cuore umano. Si, il cuore umano era ancora capace di amare. Come era capace di odiare. La profondità della tenerezza di "profumata" e la tragica oscurità del tradimento di Giuda nascevano nel cuore. Perché Giuda aveva già deciso di tradire Gesù.»

«E poi...»

«E poi tutto è precipitato. Come un turbine rabbioso che ha accecato le menti e i cuori. Era la vendetta rabbiosa del demonio che si sentiva ferito mortalmente. Chi lo aveva osannato, poco dopo bestemmiava contro di lui. Le folle che l'avevano seguito, gridavano: "Crocifiggilo!". Il demonio non si era scagliato contro una povera vita come la mia. Si era scagliato contro l'umanità. L'aveva accecata. Tutta la sua rabbia si accaniva contro quel giusto. Aveva ragione il nostro profeta Geremia: "I miei occhi grondano lacrime notte e giorno, senza cessare, perché da grande calamità è stata colpita la figlia del mio popolo, da una ferita mortale". Una ferita mortale al cuore dell'umanità. Un virus letale nel più profondo dell'anima. Ho visto le sue mani che avevano toccato per benedire e guarire, trafitte e inchiodate ad una croce. Ho visto il suo cuore, pieno di compassione per tutti, grondare sangue. Io ero lì, ai piedi della croce, insieme a Maria sua madre, a sua sorella Maria di Cleofa e Giovanni. Tre donne e un giovane, impotenti davanti al dramma di un giusto condannato a morte. Per pietà Giuseppe d'Arimatea e Nicodemo ci risparmiarono il triste rito dello schiodamento dalla croce. Vedere di nuovo le sue mani squarciate, i suoi piedi perforati, il corpo flagellato a sangue e il suo volto sfigurato era troppo. Anche il dolore umano ha i suoi limiti di sopportazione. Lo lavarono e poi lo avvolsero in bende con oli aromatici, una mistura di mirra e aloé. Tutto doveva essere fatto in fretta, perciò portarono il corpo in un sepolcro nuovo che si trovava in un giardino là vicino. Una grande pietra rotolata contro l'entrata della tomba e un silenzio profondo sembravano sigillare per sempre una vicenda ormai chiusa. Il sabato che seguì fu un giorno terribile. Quel punto dove Dio sembrava aver parlato si era spento. Restava un vuoto immenso, senza futuro. Aveva riacceso la speranza in molti cuori, ma nel silenzio cupo del sabato la disperazione riprendeva la sua fredda e cinica tirannia. Io, quel sabato, cercavo di dare consistenza ai ricordi, per non dimenticare. Ma come si poteva dimenticare?

Come dimenticare chi ti aveva restituito la dignità di persona e ti aveva dato un nome? Solo l'amore dà un nome. No, non potevo dimenticare, perciò la mattina presto, quando era ancor buio, uscii di casa insieme ad altre donne. La città era ancora deserta. Sembrava stordita da quella furia omicida che l'aveva pervasa, come posseduta dal demonio. Attraversai gli uliveti che separavano le ultime case dal luogo dove lo avevano sepolto. Raggi di luce cominciavano a filtrare per annunciare l'alba. Mi avvicinavo sempre di più ma mi chiedevo come fare per ribaltare l'enorme pietra che era stata messa all'entrata. "Non importa, mi dicevo, mi schiaccerò contro il masso, piangerò tutte le mie lacrime e, stavolta, sarò io a invocare il suo nome gridando con tutte le mie forze: Gesù! Gesù!". Sapevo che la mia voce non gli avrebbe ridato la vita, ma almeno stare vicino al suo corpo sepolto, avrebbe colmato per un po' il vuoto che lasciava nella mia vita. Grande, però, fu la mia sorpresa quando giunsi sul posto: la pietra era già stata ribaltata! Tra paura e stupore non credevo ai miei occhi. Non sapevo più cosa fare e corsi a casa di Pietro. Pietro andò a chiamare Giovanni. Agitata e confusa, dissi: «Hanno portato via il Signore dal sepolcro e non sappiamo dove l'hanno posto!»

Mi guardarono con sospetto, increduli, ma corsero verso il luogo dove avevano sepolto Gesù. Io li seguivo a distanza e rimasi fuori, piangendo. Entrò per primo Pietro. Restò a lungo dentro il sepolcro, poi ne uscì, frastornato. Non disse una parola. Entrò pure Giovanni. Anche lui rimase a lungo dentro il sepolcro. Non sapevo spiegarmi cosa stesse succedendo. Si guardarono negli occhi senza dire una parola, poi di corsa ripartirono verso la città. Io rimasi lì, sola, a piangere. Mi decisi, poi, ad entrare nel sepolcro per capire cosa era successo. Non c'era più il corpo di Gesù, ma al suo posto, c'erano due giovani vestiti di bianco, seduti l'uno dalla parte del capo e l'altro dei piedi. Uno di loro mi domandò:

«Donna perché piangi?»

«Perché piango? Hanno portato via il mio Signore e non so dove l'hanno posto, risposi». A quel punto mi voltai indietro e vidi un altro signore, in piedi. Si stagliava maestosamente nella luce, all'entrata della tomba. Mi disse: «Donna, perché piangi? Chi cerchi?» Pensando fosse il giardiniere, lo supplicai: «Signore, se l'hai portato via tu, dimmi dove lo hai posto e io andrò a prenderlo.» Sorrise e mi disse: "Myriam!". Allora, capii, era Gesù. Lui solo conosceva il mio nome, e solo io potevo riconoscere la sua voce. Quella voce che ti penetra dentro con tenerezza e al suo passaggio illumina e rigenera. Quella voce che mi aveva restituita alla vita una prima volta sulle rive del lago e, adesso, riaccendeva la speranza. Era vivo di fronte a me. Con la gioia e la commozione che mi scoppiava dentro, mi gettai ai suoi piedi e glieli strinsi forte dicendo: «Rabbunì! Maestro mio!»

«Myriam, ripeté dolcemente. Non mi trattenere, ma va' dai miei fratelli e di' loro: Io salgo al Padre mio e Padre vostro, Dio mio e Dio vostro.»

«E poi?»

«Io avrei voluto trattenerlo, stringerlo ancora. Cosa non avrei fatto per sentire ancora la sua voce, sentirlo ancora pronunciare il mio nome! Ma non c'era più. C'era solo la luce che adesso entrava prepotentemente nel sepolcro vuoto e lo illuminava totalmente. Non c'era più: ma era vivo nel mio cuore. Ritornai a Gerusalemme per annunciare ai discepoli ciò che avevo visto e ciò che Gesù mi aveva detto. Ho condiviso, poi, insieme a loro, paure e gioie, momenti intensi di comunione e prove terribili di persecuzione. La nostra vita riprendeva come prima, ma con una certezza: Gesù è vivo, ha vinto la morte! Apparentemente sembrava che non fosse cambiato niente, invece tutto era cambiato.»

Restò in silenzio. Forse si sentiva in colpa per aver parlato troppo. Certe cose si vivono segretamente, si custodiscono gelosamente senza pronunciar parola. Parlarne con altri, sembra tradirle. Mi prese la mano e mi condusse di nuovo verso il balcone che si affacciava sulla città di Magdala.

«Vedi, mi disse, tutto continua come prima. La gente continua a vendere pesce salato e a tessere la lana. Molti non sanno neppure che su quelle rive è passato Gesù di Nazaret e ha compiuto grandi miracoli. Gli affari hanno preso il sopravvento. La puzza del pesce ha cancellato anche i ricordi del Maestro. Per molti la sua vicenda è chiusa. Uno dei tanti ebrei che hanno illuso il popolo. Ma per me non è così: ha cambiato la mia vita. Io l'ho visto vivo dopo la sua morte. Sono tornata qui, in questa casa di fronte al lago, per cercare di capire il senso di tutto questo. La mia solitudine non è più vuota e gelida: è abitata dalla sua presenza viva.»

Qualche lacrima cominciava a brillare nei miei occhi. Maria se ne accorse e, preoccupata, mi fece accomodare di nuovo. Mi accarezzò con dolcezza.

«Che hai fratello? Anche tu ti porti un segreto dentro?»

«Si, Maria. Se sono qui, venuto da un paese lontano e da un tempo lontano, è perché anch'io voglio capire cosa significa per me... e per gli altri.»

«Significa che cosa? Non aver paura, fratello, racconta cosa ti è successo. Solo raccontando riesci a capire. Altrimenti, è come nascondere un tesoro in una grotta oscura.»

Mi sentivo imbarazzato. Era vero. Da tanto tempo volevo nascondere, anzi soffocare, quello che mi portavo dentro.

«Parla, fratello. Vedrai, sarà come una liberazione.»

«Non so come iniziare, Maria. Forse mi prenderai per pazzo.»

«Non temere, fratello. La pazzia è ben altra cosa. Anche a me molti, persino i discepoli di Gesù, mi chiamavano "pazza", "esaltata", donna "isterica e pericolosa". Tutto ciò che esce dalla banale e monotona *routine* è "pazzia".»

«Si, è vero, Maria. Fino adesso ho lottato per conformarmi alla normalità. Una normalità fatta di banalità e superficialità. Niente di strano: parlavo come parlavano tutti; facevo quello che facevano tutti. Un orizzonte piatto, senza tempeste, cercando di evitare anche le minime increspature. Ma la tempesta è dentro di me. Non posso soffocare, far tacere qualcosa che ha sconvolto la mia vita.»

«Qualcosa... o Qualcuno? Parla chiaro, fratello.»

«Qualcuno. Gesù di Nazaret. Lo stesso che hai incontrato tu. In tempi e in modi diversi.»

«Parlamene, fratello, non tenerlo nascosto. Uno che incontra Gesù vivo non può tacere. Sarebbe come ucciderlo una seconda volta. Un crimine come quello dei farisei, una colpa simile a quella di Pilato.»

«Sono qui per questo, Maria. Tu sei stata la prima ad annunciarlo ai discepoli che si nascondevano e tacevano. Li hai strappati alla paura che li paralizzava. Ti prego, Maria, strappa anche me a questo silenzio di morte che uccide me e uccide Gesù dentro di me. Tu che sei stata liberata da sette demoni, liberami dal demonio che mi rende muto.»

Maria si raccolse in preghiera. Oggi era lei che praticava un esorcismo su di me, e mi rigenerava a una vita nuova. Mi fece un piccolo segno di croce sulla fronte e sulla bocca e io, come per miracolo, cominciai a parlare.

«Anche la mia storia comincia sulle rive del mare, in un'isola lontana. Una terra ai margini della storia, come la tua. Dio comincia sempre dai margini. Ha un gusto speciale per le periferie, per la gente che non conta. Sono gli umili, i poveri senza storia. Gli piace entrare in punta di piedi, senza far rumore. Anche la mia casa rassomiglia alla tua. Ampia, solare, sempre piena di luce. Anzi, ci si protegge dall'intensità della luce con dei pergolati d'uva. Mi piaceva ammirare il gioco dei raggi di sole che illuminavano i grappoli color viola intenso e filtravano e danzavano tra le foglie. Poi salivo sulla terrazza, come un grande balcone proteso sul paese, e scrutavo a lungo l'orizzonte. Non c'era il pesce salato come a Magdala, ma carri carichi di covoni di grano che rientravano al tramonto del sole. Un'infanzia felice, normale. Tutto era all'insegna della normalità. Di giorno giocavo sui cumuli di paglia nelle aie e di notte sognavo come tutti i bambini. Sognavo terre lontane. Chissà perché a chi nasce in un'isola, tutti gli spazi sembrano troppo stretti. I confini ti circondano da ogni parte, ma Il mare è sempre lì come una sirena, onnipresente, con un fascino seducente e irresistibile che ti invita a partire. E un giorno sono partito per le terre lontane: l'Africa. A diciassette anni si sogna ancora, ma i sogni si scontrarono presto con la dura realtà di un paese in guerra. Le grandi ricchezze del Katanga attiravano l'avidità di molte nazioni. E l'avidità senza freni portava guerra, fame, sangue, morte. Anche tutto questo, purtroppo, divenne "normalità". Tutti erano contro tutti. I bianchi contro i neri; quelli di Lumumba contro quelli di Tchombe; i Baluba contro i Babemba; i cristiani Tutsi contro i cristiani Hutu. I fiumi erano rossi di sangue e trascinavano i cadaveri in pasto ai coccodrilli. L'unico posto dove regnava la pace era il lebbrosario di Ngay: il villaggio dei lebbrosi dove trascorrevo molto tempo. Trovarsi a vent'anni in un villaggio di lebbrosi non è certo una cosa normale, ma faceva parte delle mie aspirazioni. L'avevo sognato, ed ora ero proprio lì, nel cuore dell'Africa, a vent'anni in mezzo ai lebbrosi. La vita e la morte si sfioravano continuamente, si toccavano fino a quel limite estremo in cui tu non sai più se hai davanti a te un vivo o un morto. Ero arrivato a vergognarmi della mia splendida giovinezza. Quando toccavo i loro moncherini, segretamente mi scusavo di essere una persona fortunata, sana. Quante volte mi son chiesto cosa avrebbe fatto Gesù in questo villaggio, lui che nella sua vita aveva incontrato e guarito dei lebbrosi! Io mi sentivo impotente: contro il morbo di Hansen potevo dare solo un po' di amore e qualche antibiotico. Ma il villaggio di Ngay era per me la parabola della vita: più questa schifosa malattia aggrediva e corrodeva i corpi sfigurandoli atrocemente, più l'anima brillava di pura luce e la speranza assumeva consistenza. E' solo quando si rischia di perdere tutto che l'uomo prende coscienza dell'assoluto. I lebbrosi di Ngay, scarnificati, camminavano leggeri sul fragile ciglio del niente e del tutto. Io, a vent'anni, non avevo la stessa leggerezza, e desideri di "normalità" si affacciavano alla mia mente.»

Maria mi seguiva attentamente. Forse non si aspettava una storia così complessa in quello strano visitatore dall'aria tranquilla e che veniva da lontano. Ma ormai mi aveva liberato dal "demonio muto" e non poteva che incoraggiarmi a continuare.

«La tua storia mi interessa, fratello. Continua.»

«Il cambiamento fu radicale, ripresi. Passare dal villaggio dei lebbrosi alla città universitaria di Louvain, fu un'esperienza traumatica. La vita tumultuosa mi stordiva. Erano gli anni della contestazione giovanile e anch'io mi ritrovai, di colpo, a rivendicare una normalità che non avevo avuto. Mi sembrava di aver perso tempo, di non aver incassato ciò che mi era dovuto. Ero impreparato e, nello stesso tempo, molte particelle della mia vita chiedevano il conto con urgenza, anzi con prepotenza. La lunga solitudine dell'Africa aveva scavato cunicoli sotterranei affettivi che, adesso, chiedevano di essere colmati. Invidiavo la "normalità" dei miei fratelli, dei miei amici universitari. Da qui nasceva una specie di rabbia che diventava ossessione di "essere come gli altri". Essere come gli altri, in quel tempo, voleva dire contestare tutto, voleva dire "essere contro il padre". Contro i padri culturali: i professori. Contro i padri politici: il governo di turno. Contro i padri religiosi: la chiesa gerarchica. Contro i padri della finanza: i capitalisti. Talvolta anche contro Dio-Padre, che permetteva quelle orribili atrocità su poveri innocenti di cui ero stato impotente spettatore in Africa. Contro tutti i padri si lanciavano pietre. Io non ho mai lanciato pietre, né insulti, ma dentro questa contestazione mi trovavo bene, mi sentivo vivo. C'era una voglia di cambiamento, un desiderio di qualcosa di nuovo anche se indefinibile. In questo clima la teologia naufragava nelle derive della sociologia o della psicologia. Io mi rifugiavo volentieri nei quartieri periferici di Bruxelles aiutando i poveri emigrati italiani a trovare casa o lavoro. Era la mia nuova Africa. Gente che non aveva né tempo né coraggio di contestare. Pensavano solo a guadagnarsi un pezzo di pane e a costruirsi una casa in Italia che non avrebbero fatto in tempo ad abitare.

Arrivò, così, l'anno della mia ordinazione sacerdotale: 1973. Decisi di farmi ordinare in Sardegna. Nella "diaspora sarda" avevo ritrovato una identità e un popolo. Solo nell'esilio nasce la nostalgia delle radici. La data era fissata per l'otto settembre, ma già alla fine di giugno salii su uno di quei treni che dal nord riportavano gli emigrati verso il sud. Viaggio interminabile, incastrato tra valigie e cartoni, intavolando discorsi in una lingua rabberciata di francese, calabrese, siciliano, sardo. Alla fine, una sera di giugno, arrivai a Stazione Termini. Mi restava un po' di tempo prima di prendere il treno per Civitavecchia, e da lì la nave per la Sardegna. Che fare? Improvvisamente fui colto da paura. Ero lì, immobile al centro della Stazione, in mezzo ad una folla distratta che mi sfilava davanti agli occhi, con le valigie in mano. Ancora pochi mesi e sarai stato ordinato sacerdote. Il peso di questa responsabilità mi schiacciava e mi paralizzava. L'ansia era così forte che avevo un unico desiderio: evadere. Si, andare per le strade attorno alla Stazione, incantarmi davanti alle vetrine dei negozi, respirare l'aria oleosa dei ristoranti, incrociare lo sguardo triste e umiliato dei vagabondi e dei barboni. Ero disposto a qualsiasi cosa pur di non pensare a ciò che mi attendeva. Era una scelta grave e definitiva che sembrava cadermi addosso senza averla sufficientemente meditata e preparata. E, nello stesso tempo, tornare indietro sembrava impossibile. Questi sentimenti contrastanti mi paralizzavano e mi immobilizzavano in mezzo alla folla di Stazione Termini. Un uomo, allora, mi si avvicinò, mi guardò negli occhi e mi disse:

«Ciao, amico!»

«Ciao, risposi.»

«Da dove vieni?»

«Dal Belgio.»

«Cosa fai?» La domanda mi colse impreparato. Cosa facevo? E poi... non avevo voglia di intavolare una discussione. Volevo togliermelo dai piedi al più presto.

«Studio psicologia all'università di Louvain.»

«Psicologia?» Sorrise. Credevo di aver raggiunto il mio scopo e speravo mi lasciasse in pace con i miei tristi pensieri. Sorprendentemente, sempre guardandomi negli occhi, cominciò a parlarmi dell'amore del Padre. Si, Maria, mi capisci, non mi parlava di "Dio", di quell'essere vago e lontano. Lo chiamava "mio Padre", con una intensità, profondità, emozione che io non avevo mai sentito in vita mia. "Mio Padre ti ha sempre amato, ti ama e ti amerà sempre". Quell'uomo mi parlò dell'amore di "suo Padre", non so per quanto tempo. Ma il tempo non esisteva più. Le parole scendevano dentro di me, come una pioggia attesa da lungo tempo su un terreno arido. Quelle parole, in pochi istanti, mi fecero penetrare nel mistero di Dio più di quanto avevano fatto cinque anni di teologia universitaria.»

«Ma chi era quell'uomo?»

«Chi era? »

«Si, a quel punto, gli chiesi: Ma tu, chi sei? Sei un prete?»

«No, mi rispose. Sono un forestiero.»

«Sei un religioso?»

«No, ma vivo con loro.»

«Dove? A Santa Maria Maggiore?»

«Anche...». Colsi qualche attimo di esitazione, per cui insistetti.

«Come... "anche". Cosa vuoi dire?»

«In realtà sono perseguitato.»

«Perseguitato? Dove?» La mia curiosità o voglia di saperne di più su quello "straniero" mi portarono ad anticipare la risposta. Sapevo che i cristiani erano perseguitati nei paesi dell'Est, per cui gli chiesi quasi a bruciapelo: «In Russia?»

«Si», rispose pacatamente. Ma lo fece con una tale naturalezza e immediatezza che se gli avessi chiesto "In Polonia?" o "in Nigeria?" avrebbe risposto ugualmente "Si". Era uno straniero, che mi aveva parlato dell'amore del Padre, ed era perseguitato.» Gli occhi di Maria brillavano di commozione.

«E dopo, fratello, dimmi cosa è successo dopo.»

«Dopo... Volevo fermarmi con lui. Volevo continuare il discorso. Soprattutto... volevo capire il mistero di quell'uomo che parlava con tanta naturalezza di Dio come suo "Padre". Gli dissi: «Andiamo a prenderci una birra.»

«Mi dispiace... mi rispose. Devo andare nell'eucaristia». Non ero abituato a questo linguaggio, e sapendo che era uno straniero, corressi:

«Cioè... devi andare a messa?». Sorrise.

«Si. Ce n'è una tra poco, qui vicino». Guardai l'orologio. Erano le sei di sera. Mi salutò e scomparve. Non so per quanto tempo sono rimasto ancora immobile in mezzo a Stazione Termini. Mi sembrava un attimo e nello stesso tempo uno spazio senza limiti. Con quell'uomo scomparve anche quella strana voglia di evasione, di perdermi nel vuoto della banalità. No, da quel momento in me si era piantata una sola domanda: «Chi era quell'uomo?». Maria mi prese le mani e me le strinse forte.

«Adesso capisco il motivo della tua visita, fratello. Ma, dimmi, quale è stata la tua prima risposta a questa domanda?»

«Ripresi in mano le mie valigie, salii sul treno e arrivai a Civitavecchia e lì mi imbarcai. Nella mia cuccetta, cullato dal movimento delle onde, ripensavo a quell'incontro. «Chi era quell'uomo?», mi chiedevo. La risposta era una sola. Prima era come un baleno che rischiara improvvisamente una notte buia. Poi divenne come una luce forte, accecante a tal punto da dover chiudere gli occhi. Si, non c'erano più dubbi. Quell'uomo era il Cristo risorto!»

«Gesù di Nazaret... vivo», sospirò piangendo Maria.

«Si, Maria, Gesù di Nazaret, a Stazione Termini. Alle sei di una sera d'estate del 1973. E' passato tanto tempo, ma rassomiglia a quel mattino in cui tu, Maria, vicino al sepolcro, l'hai incontrato vivo.»

«Quella mattina, alle prime luci dell'alba, mi chiamò per nome. Con il nome mi aveva restituito la dignità ma la sua voce aveva una profondità unica. Raggiunse il centro dell'anima, il cuore del cuore.»

«Anch'io sono stato chiamato per nome: "amico". Quale altro nome più bello poteva darmi?»

«Parlami di lui, fratello.»

«Mi è rimasta impressa la voce, le sue parole: "Il Padre ti ama". Era la parola di cui avevo bisogno e che, in quel momento, guariva ferite, riempiva vuoti, illuminava angoli oscuri. Mi ricordo i suoi piedi. Portava dei sandali usati. Erano piedi di chi cammina molto per le strade del mondo.»

«E il suo volto?»

«No. Il volto non lo ricordo. Mi sono sempre sforzato di riportare alla memoria i tratti del suo volto, ma non ci sono riuscito. Solo la voce e i piedi.»

«Neppure io, fratello, ricordo il suo volto di risorto. In un primo momento pensavo fosse il giardiniere.»

«Adesso, però, capisco perché non ricordo il volto. Ogni volta che incontro un povero mi chiedo: "Forse è lui, Gesù, che si presenta a me con questo volto". Ogni povero che bussa alla mia porta è un campanello d'allarme che risveglia questa domanda. Un giorno celebravo la messa in parrocchia. E' entrata una zingara con un bambino in braccio. Tutti si sono alzati e si sono allontanati. Mi son detto: "E se fosse Gesù, quel Gesù incontrato in mezzo alla Stazione Termini che viene incontro a me in questa zingara con un bambino in braccio?". L'ho fatta sedere sulla sedia principale del celebrante. Immagina la faccia dei parrocchiani che, entrando in chiesa, vedevano una donna, una zingara, con un bambino in braccio al posto del celebrante. Si, una volta che hai incontrato Cristo risorto non si ragiona più, si perde il buon senso. Tutto è possibile, per cui anche la pazzia ha campo libero. A dire il vero, mia madre, si chiamava Maria come te, mi aveva educato sin da piccolo a vedere nei poveri Gesù stesso. Mentre pranzavamo, quando un povero bussava alla porta e diceva: "*Po s'amore 'e Deus*", ci fermavamo, mia madre prendeva quello che c'era sul tavolo e me lo dava. Ero sempre io che portavo un pezzo di pane, un pesce, un po' di frutta al mendicante. Poi aspettavo la risposta: "*Deus si 'du paghidi*". Era la benedizione del povero. Per me era la benedizione di Dio.»

«E dopo?»

«Dopo? Mi vergogno a dirtelo, Maria. Tu sei stata una donna forte, coraggiosa. Sei corsa a dirlo a Pietro, a Giovanni, ai discepoli. Io, no. Ho avuto paura e vergogna che mi prendessero per pazzo, esaltato, isterico. Anzi, io stesso, dalla mattina alla sera, mi dicevo: "Sei un pazzo, un esaltato. Chi credi di essere? Sai bene che il tempo delle apparizioni è chiuso. Adesso è il tempo della Chiesa. Basta! Non se ne parla più! Gli apostoli sono dodici e non uno in più". Non ho fatto altro che fustigarmi con queste domande per convincermi che a Stazione Termini, quella sera di giugno del 1973, avevo avuto una allucinazione dovuta forse al caldo, alla stanchezza fisica del viaggio o allo stress psicologico in prossimità della mia ordinazione sacerdotale.»

«Ti capisco, fratello, ma chi può imporre a Gesù, l'uomo libero, delle regole così restrittive da tenerlo imprigionato nel sepolcro della morte? Quella mattina in cui io l'ho incontrato è l'alba di un nuovo inizio, di nuovi inizi. E il tempo e il luogo di un nuovo inizio non lo decidono gli uomini, lo decide solo lui.»

«Solo che tu non riesci a capire, a credere, che un nuovo inizio possa aver luogo nella tua vita così povera, fatta solo di realtà umane e, talvolta, anche disumane. La tua vita è impastata solo di normalità, di cose semplici e anche banali. Sono gesti quotidiani che rientrano in un orizzonte limitato, conosciuto, ripetitivo. Come puoi accettare che, all'improvviso, irrompa lo straordinario, l'indicibile, l'umanamente impossibile?»

«L'umanamente impossibile? Ma io ho visto l'umanamente impossibile accadere. Ho visto i paralitici rialzarsi, i ciechi ricuperare la luce degli occhi, gli storpi camminare. Ma, soprattutto, ho sperimentato nella mia vita una potenza più forte del male. La mia vita, più ancora della tua, era una vita distrutta, saccheggiata, devastata e messa a soqquadro da sette spiriti immondi. Non penso che tu abbia toccato il fondo della miseria umana come l'ho toccato io.

Ma un giorno ho incontrato Gesù risorto... da allora non c'è più niente di umanamente impossibile. Per chi ha incontrato Cristo il paradossale deve diventare normale: amare chi non è amabile, credere l'incredibile, sperare contro ogni speranza.»

«Non so perché, Maria, rifiutavo l'elezione, l'essere "chiamato", l'essere "scelto", l'essere "messo a parte". No, non volevo più essere una eccezione, diverso dagli altri. Tutta la vita diverso dagli altri! Volevo solo essere come tutti gli altri. Ritornare nell'anonimato, mescolarmi alla folla senza essere riconosciuto. Volevo essere semplicemente un uomo impastato di quotidianità. Ma non ci sono riuscito... »

«Non ci riuscirai mai, fratello. Il passaggio di Dio ti segna per sempre. E' un segno indelebile, un marchio inconfondibile... anche nel peccato!»

«Il peccato? Può sembrarti paradossale, Maria, ma il peccato era come l'estremo tentativo di cancellare il segno, il ricordo di quell'incontro. Mi dicevo: "Gesù non può essere apparso, aver incontrato un peccatore, un miserabile come te!". Persino nella preghiera chiedevo a Dio di cancellare totalmente e per sempre quella fantasia, quella illusione, quella terribile presunzione di aver incontrato il Cristo risorto. Ma più peccavo e mi degradavo, più pregavo e supplicavo, più cresceva la certezza che quell'incontro non era frutto di fantasia, ma era solo il segno di un amore misterioso e incomprensibile. Più forte sbatti una palla di gomma per terra, più in alto rimbalza. Così è stata la mia vita. I miei peccati non sono riusciti a cancellare la memoria di quell'incontro, e questa è la prova che non era una semplice allucinazione, ma un mistero tutto da esplorare. Sono qui per questo.»

«Ci vorrà tutta una vita!».

«Si, ma l'importante è che si apra uno spiraglio.»

«Lo spiraglio, fratello, si è già aperto. E' una breccia. Non ha importanza che tutto sia luce nella tua vita: molti angoli rimarranno oscuri. Non esigere la bontà assoluta, non esiste. Non aggrapparti alla verità lampante: è una terribile presunzione. L'assoluto si è nascosto all'ombra del quotidiano. La tua ricerca è uno spiraglio. Uno spiraglio che ti fa guardare in alto e, nello stesso tempo, a ritornare dentro di te. Ti sei accanito a chiuderlo, ad oscurarlo. Non ci sei riuscito. Arrenditi, adesso.»

«Mi sono arreso!»

«Come?»

«Dio ha parlato ancora. Una parola dura, dolorosa, incomprensibile: linfoma.»

«Linfoma? Imprevedibile.»

«Al fuori di ogni immaginazione. Fino ad allora programmavo tutto, davanti a me c'era una strada senza ostacoli. Tanti bei viaggi in tutto il mondo. Seguivo un'altra liturgia con riti ben precisi e solenni della quale io e solo io ero il sommo sacerdote. Tutto filava liscio, in una nuvola d'incenso, senza intoppi. Adesso dovevo seguire un'altra liturgia, senza cerimonie, senza inchini, senza canti e senza incenso. È cambiato lo scenario. I preti avevano il camice bianco, dovevo obbedire ai loro ordini. Niente incenso, niente inchini, solo flebo. Da consolatore, dovevo farmi consolare. Da guaritore, dovevo lasciarmi guarire. Dovevo andare in Ecuador, San Salvador, Argentina, Uruguay, Kenya. Tutto saltato per aria. Io ero padrone del tempo. Un protocollo niente male.»

«Dì la verità: ti sentivi onnipotente! Non solo padrone del tempo, ma padrone assoluto di te stesso! Non mettevi in conto gli imprevisti.»

«Il tempo scivolava via come l'olio. Tutto era in vista del prossimo viaggio. Viaggiare, incontrare persone e culture diverse era la mia passione fin da piccolo.

Ricordo che salivo sul terrazzo di casa e scrutavo l'orizzonte senza confini. Quello che attraversava la mia fantasia di bambino in quel momento, adesso potevo vederlo con i miei occhi.»

«Sono le sorprese di Dio.»

«Devo confessare che per me è stata una bruttissima sorpresa. Non pensavo di avere un approccio così brutale con la malattia. Mi muovevo da un posto conosciuto e sicuro verso un terreno inesplorato e sconosciuto. È sempre doloroso lasciare gli spazi sicuri anche quando so per esperienza che questi spazi offrono false promesse. Lasciare ciò che ci è familiare mi rende brutalmente vulnerabile. Cade l'illusione di essere padrone di me stesso.»

«Finalmente riconosci i tuoi limiti! È un buon segno per iniziare un nuovo cammino.»

«Ho capito di essere arrivato a un bivio. La nuova strada mi portava là dove non sarei mai voluto andare. Anche la preghiera non era facile, ma ho capito che era l'unica arma a mia disposizione. Nella misura in cui la preghiera diventa preghiera del cuore, soffro di più, vedo più luce e più oscurità, più Dio e più umanità. Nella misura in cui scendo nelle profondità del cuore, la solitudine parla alla solitudine, il cuore al cuore. In quelle profondità l'amore si è fuso con il dolore.»

«Si, questa è l'unica parola che ha vinto la morte. E questa parola è Gesù! L'Assoluto si è fatto amore e noi, tu ed io, l'abbiamo toccato con mano. Noi che abbiamo incontrato il risorto non siamo migliori degli altri, tu lo sai bene. La nostra vita trascorre nel grigio, monotono e, talvolta, oscuro quotidiano. Siamo come tutti gli altri incollati, appiccicati, spesso schiacciati alla realtà. Abbiamo conosciuto il dolore. Tu hai conosciuto un demone che si chiama "linfoma". Il mio demone si chiamava "legione" Ma si è aperto uno spiraglio, lo spiraglio della risurrezione. Da questo piccolo spiraglio filtra una luce che illumina la nostra vita.»

«Avviene nel momento in cui meno te l'aspetti.»

«Anche nel momento in cui tutta l'umanità è minacciata da un virus che contagia, spaventa, uccide? E' un flagello che non risparmia nessuno: anziani e giovani, credenti e non credenti, medici e preti. Ogni giorno contiamo i morti, non sappiamo più dove metterli, li portiamo con camion militari verso i crematori. L'umanità trema davanti a questo male invisibile. Quale futuro ci aspetta?»

«Non temere: andrà tutto bene! Dio ha vinto la morte una volta per tutte. Dopo l'incontro con il Cristo risorto, io credo che l'amore è più forte dell'odio, che il bene è vincente sul male, che la vita è sempre più grande della morte. E' Dio che ha l'ultima parola sulla vita di ogni uomo e sulla storia dell'umanità. Tu, lascia entrare questa luce nel tuo cuore, ed essa illuminerà anche l'umanità stremata dal dolore e angosciata davanti a un virus. Mille anni per Dio sono come il giorno che è passato. Avviene nei posti più impensabili. Nel silenzio di un orto davanti ad un sepolcro vuoto, come nella confusione e nel frastuono di Stazione Termini. Gesù va alla ricerca di qualcuno che si lasci ferire da uno spiraglio di luce. Tu sei uno di questi. Gesù ti ha detto le stesse parole che lui ha udito dal Padre: «Tu sei il mio prediletto!» Solo per un momento prova ad entrare in questo enorme mistero, che tu, come Gesù, sei il prediletto di Dio. Lasciati amare! Questa è la verità che non vuoi accettare. Tu sei amato prima che tuo padre, tua madre, la Chiesa ti amasse. Tu sei il prediletto perché appartieni a Dio dall'eternità. Dio ti ama prima che tu nascessi, e Dio ti amerà dopo la tua morte. A Stazione Termini Gesù ha voluto ridirti: "Ti amo di un amore eterno". Questa è la tua vera identità. E' quello che sei, sia che lo senta o no. Tu appartieni a Dio dall'eternità all'eternità. La vita è solo una piccola opportunità che ti è concessa per alcuni anni per poter rispondere: “Anch’io ti amo”. Se tu osi credere che tu sei il prediletto prima che tu nascessi, improvvisamente capirai che la tua vita non affoga nel quotidiano, ma che è speciale. Prenderai coscienza che sei stato mandato per un breve tempo su questa terra per scoprire che tu sei il figlio prediletto di Dio e per aiutare gli altri tuoi fratelli o sorelle che anche loro sono figli o figlie predilette di Dio. Tu, fin da giovane, hai conosciuto un’umanità lacerata, divisa da solchi profondi o da muri insuperabili. I tuoi occhi hanno visto le ferite aperte e sanguinanti di quella parte di umanità che ha perso la ragione e il cuore. Hai visto solchi profondi che dividono e muri invalicabili che separano. Tu che hai incontrato l’amore, adesso sei mandato nel mondo per essere un uomo di riconciliazione.»

“Tu sei il mio prediletto!”. Queste parole pronunciate da Maria di Magdala mi turbarono. Avevo trascorso la mia vita a ripetermi “Io sono uno come tutti gli altri”, e adesso Maria mi diceva che io ero uno come Pietro, Giovanni e gli altri discepoli di Gesù che l’avevano visto risorto dopo la morte. Mi turbava il fatto di aver tentato tutto per cancellare il ricordo di quell’incontro, senza riuscirvi. Mi spaventava il peso di una responsabilità enorme che ricadeva su di me. Un incontro del genere non si può nascondere per sempre. Non si può vivere solo nell’intimo segreto e personale. Ma come fare? Parlarne vuol dire suscitare ilarità, derisione, sospetti benevoli di affaticamento, di esaurimento, oppure cinici sarcasmi di autentica e pura follia! Come dire che sono un uomo normale, timido, non certo propenso a mettermi in mostra o a facili esaltazioni, un uomo come tutti gli altri insomma, ma che per un attimo ha intravisto uno spiraglio di luce folgorante, ha sentito una voce che è scesa in tutti i meandri della sua vita, ha incontrato il Cristo risorto in mezzo alla folla di Stazione Termini? Come dire agli uomini incollati alla terra che si è aperta una breccia nel cielo? Come affrontare le reazioni scettiche di parenti, amici, intellettuali? Come spiegare agli uomini di Chiesa che il tempo delle apparizioni del risorto non è chiuso per decreto papale per sempre, ma che il tempo della Chiesa è il tempo del risorto? Chi siamo noi per fissare scadenze, per programmare il calendario del Figlio di Dio?

Maria di Magdala sembrava leggere tutte queste domande nei miei occhi. Il suo intuito femminile aveva fatto superare tutti gli ostacoli. Per questo prende il mio viso tra le sue mani e, con estrema dolcezza, mi sussurra: «Pace a te, fratello! Il tuo viaggio non è finito. Ti voglio accompagnare in questa avventura oltre il tempo. Devi incontrare gli altri testimoni, a cominciare da Pietro.»

Scendiamo insieme per le stradine che conducono al porto. La gente ci guarda incuriosita. Ancora una volta respiro l'odore forte del pesce salato, destreggiandomi tra ghirlande colorate di lana appese al sole. Saliamo sulla barca che ci porta alla riva opposta del lago, a Cafarnao.

CEFA

Magdala non era che un piccolo paese della Galilea e la Galilea non era che una piccola provincia dell'impero. Il centro era Roma. La capitale era il cuore politico ed economico del mediterraneo. Vi convergevano popoli, culture, religioni. Le sorti del mondo si decidevano lì. Chi voleva lasciare un segno nella storia doveva passare per Roma. Cafarnao non era che un borgo lontano e sconosciuto con la puzza di pesce salato e le sue piccole e meschine storie paesane.

Era lontana anche Gerusalemme dove Erode Agrippa aveva cominciato una persecuzione contro i cristiani e fatto giustiziare Giacomo, fratello di Giovanni, che fu dunque il primo degli apostoli a subire il martirio. Essendosi così attirato il favore dei Sinedriti, Erode decise di fare arrestare anche Pietro, ma un angelo apparve in carcere e svegliò il prigioniero, che obbedì come in sogno ai suoi ordini risvegliandosi soltanto quando fu fuori dalla prigione. Si recò allora alla casa di Maria, madre di Marco, dov'era radunato un certo numero di fedeli in preghiera e costoro stentarono a credere ai loro occhi. Lo stupore e la confusione furono ancora più grandi nel campo di Erode, il quale fece imprigionare i carcerieri, in conformità con l'usanza del tempo per cui le guardie che lasciavano evadere un prigioniero incorrevano nella sua stessa pena.

Maria di Magdala conosce bene Cafarnao e i suoi abitanti. Si dirige diritta verso la casa di Pietro vicino alla sinagoga. Io la seguo guardandomi intorno. Davanti alla porta c'è un gruppo di curiosi che parlottano tra di loro. Maria si avvicina, bisbiglia qualcosa all'orecchio di una donna. Questa getta uno sguardo furtivo su di me che resto in disparte.

«E' lui?», chiede una donna che doveva essere una parente di Pietro.

«Sì, è lui. Viene da molto lontano». Sparisce dietro una porta.

Maria di Magdala mi fa cenno di avvicinarmi. «E' molto stanco, mi dice, perché è appena uscito dal carcere.»

Dopo un po' la porta si apre lentamente e vedo un uomo anziano con la barba bianca sorretto da una parte e dall'altra da due giovani robusti che lo sollevano e poi, con molta prudenza, lo adagiano su un letto. Avvicinano alcuni cuscini e glieli mettono sotto le spalle e ai lati per sollevare la testa.

«Eccomi, dice, sono diventato vecchio e incapace di tenermi in piedi.»

Rimango colpito e senza parole. Mi ero sempre immaginato Pietro come un rude pescatore, una roccia granitica capace di sfidare tutte le intemperie. Ed ora era là, fragile, impotente, incapace di gestirsi da solo. Misuro lentamente la fragilità di quell'uomo che mi sta davanti e, nello stesso tempo, mi vengono in mente le parole di Gesù: "Quando eri più giovane ti cingevi la veste da solo, e andavi dove volevi; ma quando sarai vecchio tenderai le tue mani, e un altro ti cingerà la veste e ti porterà dove tu non vuoi". Quell'uomo sdraiato davanti a me è Pietro, Kefas, la roccia. Non posso non pensare a quei momenti in cui anch'io, non riuscivo a mettermi in piedi quando, durante la chemioterapia, i globuli bianchi si abbassavano improvvisamente e non riuscivo a stare in piedi, e le corse precipitose al pronto soccorso: "un altro ti porterà dove tu non vuoi".

«Che vuoi, fratello?», dice bruscamente.

«Tu che hai condiviso tutto con il maestro, fin dall'inizio, parlami di lui.»

Mi squadrò a lungo da capo a piedi, poi, con insolita tenerezza, mi chiese:

«Tu vieni da molto lontano, vero?»

«Si, molto lontano. Vengo da un paese disorientato, smarrito, impaurito, che non capisce più il senso della vita e della morte. C'è un silenzio assordante, un vuoto desolante. Pensavamo di dominare l'una e l'altra, e invece la vita e la morte, adesso che non conoscono più confini precisi, ci spaventano con il loro mistero. Ho trasgredito le regole rigide di una quarantena, di un isolamento totale, per venire qui. Tutti ci dicono di restare a casa, ma io voglio ritornare a casa con delle risposte. E, forse, la domanda che ti pongo te l'hanno fatta tante volte. Sono imbarazzato. Chi era quel Gesù che ha illuminato la vita e la morte?»

«Non importa, fratello. Non mi stancherò mai di parlare di Gesù. Dopo averlo rinnegato sono sempre in debito verso di lui. Ero giovane come te quando con mia moglie, mio fratello Andrea, mio padre e mia suocera mi trasferii da Betsaida a Cafarnao. Questioni di lavoro. Cafarnao offriva di più per il commercio del pesce. In riva al lago si incontrava più gente che veniva da ogni parte. Un piccolo mondo di culture, lingue, religioni diverse. Con Giacomo e Giovanni avevamo creato una piccola cooperativa di pescatori. Il lago, la pesca era il nostro mondo. Mi piaceva quella vita semplice, ma quando nel silenzio della notte guardavo l'immensa distesa d'acqua o il cielo stellato mi venivano strani pensieri. Mi capisci, fratello?»

Le parole del vecchio Pietro suscitano nella mia mente tanti ricordi.

«Ti capisco benissimo, Pietro, gli dissi. Anch'io ho passato delle ore a fissare l'orizzonte che si perdeva e si confondeva col blu del mare. In Africa, poi, mi fermavo in contemplazione del sole che, improvvisamente, si tuffava incendiando di rosso la foresta. In quei momenti di assoluta solitudine anche a me venivano strani pensieri. Ora, guardando le piazze vuote e gli uomini che si nascondono come ombre cercando di sfuggire al coronavirus, mi chiedo che senso ha questa nostra breve e fragile avventura umana. Possiamo sfuggire al coronavirus, ma non alla morte.»

«Strani pensieri, continuò Pietro, che diventavano domande senza risposta anche per me. Finché un giorno sulle rive del Giordano un uomo, Giovanni Battista, cominciò a predicare e a battezzare. Eravamo giovani. La pesca e il commercio del pesce non ci bastava. Avevamo bisogno di parole che dessero un senso alla nostra vita. Avevamo sete di verità e d'infinito. Nelle lunghe notti di pesca ripensavamo alle parole udite durante il giorno: "Io battezzo con acqua, ma in mezzo a voi sta uno che voi non conoscete, uno che viene dopo di me, al quale io non sono degno di sciogliere il legaccio del sandalo". Chi era costui? ci chiedevamo sotto il cielo stellato. E la nostra fantasia si accendeva. Un nuovo re che avrebbe guidato Israele verso la sua liberazione? Tanti ci avevano provato e fallito miseramente. La risposta a questa domanda, però, non tardò. Il giorno dopo Giovanni, fissando lo sguardo su Gesù che passava, disse: "Ecco l'Agnello di Dio!". Il dito puntato su quell'uomo non lasciava dubbi: dovevamo seguire lui. Io quel giorno non c'ero. Mi ero fermato a rammendare le reti. C'era mio fratello Andrea con un altro socio. Non capivano, ma l'hanno seguito. Camminavano in silenzio dietro i suoi passi. Improvvisamente si voltò. "Che cercate?", chiese. "Maestro, dove abiti", fu la loro risposta. "Venite e vedrete". Erano le quattro del pomeriggio. Si fermarono presso di lui. Ritornarono la sera tardi per la pesca. Li vidi arrivare di corsa sulla spiaggia. Erano frastornati dall'emozione. "Abbiamo trovato il Messia!", mi dissero. Io ascoltai il loro racconto con molto scetticismo, ma quella notte di pesca non fu come le altre. "Il Messia? mi chiedevo, su queste rive dimenticate da tutti! Come è possibile? Sarà spuntato un altro visionario esaltato e candidato precoce alla morte! Tutti ricordavano ancora la brutale repressione di Gaio in Galilea che prese la città di Sefforis e l'incendiò poi terrorizzò i contadini bruciando alcuni villaggi dei dintorni e portandosi via come schiavi un gran numero di abitanti della zona. Queste cose non si dimenticano facilmente tra i contadini e i pescatori dei piccoli villaggi. "Un Messia?", mi chiedevo scrutando il cielo stellato. Trascorsi quella notte tra il terrore e la speranza, ma ero impaziente di incontrare quel "Messia". Il giorno dopo, di buon mattino, Andrea mi condusse da Gesù. Gesù mi fissò a lungo negli occhi, poi mi disse: "Tu sei Simone, il figlio di Giovanni, ti chiamerai Kefas, la roccia". Non mi cambiò solo il nome. Mi cambiò la vita. Da povero pescatore di pesci dovevo diventare pescatore di uomini. Come me cambiò la vita ad altri che incontrò sulla riva del lago. All'inizio eravamo dodici. Dodici, come le tribù di Israele. Ma era un nuovo Israele, un mondo nuovo, proprio come lo desideravo dal più profondo di me stesso. Quando camminavamo con Gesù per i paesi, in molti si risvegliava quel sogno lungamente accarezzato. I poveri, gli umili, i giovani, i vecchi, vedevano un nuovo popolo unito, un unico regno, come ai tempi di Davide. Quando parlava del futuro regno ci appassionava. Erano parole di fuoco che ti riscaldavano il cuore di un entusiasmo sconfinato. Noi per quell'uomo avremmo dato la vita! Ma non erano solo parole. La gente sperimentava la sua forza guaritrice. Dovunque passava seminava segni di misericordia. La sua chiamata era radicale, senza mezze misure. Chi lo seguiva doveva abbandonare tutto. Ci ha strappati dalle nostre sicurezze e ci ha proiettati in un'esistenza imprevedibile. Il regno di Dio faceva irruzione, nulla doveva distrarci. Così ho lasciato la mia casa di Cafarnao e la mia famiglia. Lui stesso ci dava l'esempio con la vita e con le parole: "le volpi hanno le tane e gli uccelli del cielo i nidi, ma il figlio dell'uomo non ha dove posare il capo". Viveva con meno sicurezza degli animali: non aveva casa, mangiava ciò che gli davano, dormiva dove poteva. A noi non offriva né sicurezze né onori. Bisognava essere pazzi, vero? Si, eravamo affascinati, pazzi di quell'uomo che parlava e agiva come nessun altro. Vivevamo come lui, al servizio di coloro che non avevano nulla. All'inizio pensavamo di trovare un maestro come altri. Ma abbiamo capito subito che Gesù non ci chiamava per studiare la legge né per imparare a memoria le tradizioni religiose. Ci faceva capire, anche se a fatica, che non eravamo con lui per raggiungere un giorno l'onorevole posizione di rabbini, bensì per condividere il destino incerto e persino pericoloso della sua vita. Attorno a lui si respirava qualcosa di veramente unico. La sua presenza riempiva tutto: egli era il centro. Decisivo per noi era la sua persona, la sua intera vita, il mistero del profeta che viveva curando, accogliendo, perdonando, liberando dal male, amando appassionatamente le persone al di sopra di ogni legge, e annunciando a tutti che quel Dio che già stava facendo irruzione nelle loro vite era proprio così; amore insondabile e amore soltanto.»

Pietro interruppe il suo accalorato racconto. Le lacrime rigavano il suo volto consumato ma ancora nobile e severo. Per non affaticarlo troppo cerco di continuare il suo racconto.

«Vi ha parlato di un Dio buono, padre di tutti, amico della vita...»

«Si, si rivolgeva a Dio chiamandolo "Padre" e ci ha insegnato a pregarlo anche noi chiamandolo "Padre nostro". Era la prima volta che sentivamo Dio così vicino e pieno di tenerezza.»

«Padre», ripetei tra di me. E' il nome che quell'uomo incontrato a Stazione Termini usava per parlarmi di Dio. L'emozione di Pietro e dei dodici discepoli nell'ascoltare le parole appassionate di Gesù, l'avevo provata anch'io. Sentivo come un fuoco dentro di me. Volevo interromperlo per raccontargli la mia storia, ma Pietro sembrava un fiume in piena, inarrestabile, e continuò.

«Ascoltavamo con attenzione le parabole che raccontava nei paesi. Non capivamo tutto, ma certo era un invito a scoprire un mondo nuovo. Restavamo sorpresi nel vedere come destava la fede degli ammalati per curarli delle loro sofferenze. In particolare, grande era la nostra meraviglia nel constatare il suo potere di scacciare i demoni e guarire vite lacerate dal male. Era un altro modo di comprendere e vivere la vita. Chi l'avrebbe mai detto? Io che pensavo di trascorrere tutta la mia vita a pescare e ad aggiustare le reti! Come era cambiata la mia vita! Si, era proprio un altro modo di comprendere e vivere la vita. Ci sorprendeva la tenerezza con cui accoglieva i più piccoli e derelitti; ci emozionavamo come bambini osservando come egli si commuoveva davanti alla sventura e alla sofferenza degli ammalati. Noi, uomini duri che non sapevamo cosa erano le lacrime, piangevamo insieme, senza vergogna, davanti a tutti. Ci ha insegnato a toccare i lebbrosi e le lebbrose che nessuno toccava, anzi fuggiva. Ci entusiasmava la sua passione nel difendere la dignità di ogni persona e la sua libertà nel compiere il bene. Ma un Dio compassionevole e amico dei peccatori non poteva essere accettato dalla gerarchia del Tempio. Le tensioni e i conflitti con i settori religiosi più rigoristi crescevano sempre di più, ma nulla e nessuno poteva fermarlo quando si trattava di difendere i poveri e gli umiliati. Ci commuoveva profondamente la sua accoglienza per tanta gente vittima del proprio peccato: cosa impensabile prima, da lui abbiamo imparato a sederci a tavola con gente indesiderabile, donne di dubbia vita e peccatori dimentichi dell'Alleanza. Era incredibile la sua passione per la verità, quella capacità di andare a fondo delle cose, al di sopra di teorie e legalismi ingannevoli. Ti confesso, fratello, che per noi era un linguaggio duro, talvolta inaccettabile. Molti, infatti, l'hanno abbandonato. Anch'io sono stato sul punto di tornare indietro. Tornare indietro... ma andare dove? Ritornare sulla barca e vendere pesci al mercato? Andare da chi? Chi mai aveva parole potenti come quell'uomo? Le sue parole toccavano il cuore, purificavano e liberavano. Squarciavano orizzonti sconfinati. Ci ripeteva spesso: «Non abbiate paura!». A tutti augurava sempre la stessa cosa: «Va in pace!». Dopo tre anni vissuti intensamente insieme a lui, qualcosa di nuovo aveva fatto breccia ed era nato nel nostro cuore. Quella pace contagiosa, quella purezza di cuore senza invidia né ambizione alcuna, la sua capacità di perdono, i suoi gesti di misericordia dinanzi a qualunque debolezza, umiliazione o peccato, quella lotta appassionata per la giustizia in favore dei più deboli e maltrattati, la sua incrollabile speranza nel Padre... Tutto ciò aveva suscitato in noi una fede nuova: in quell'uomo vi era Dio! In fondo a quella vita sentivamo la vicinanza misteriosa del Dio amico e salvatore. Questa era "La Buona Notizia di Dio". Ma ciò che per noi era una "Buona notizia" non lo era per altri. Per coloro che detenevano il potere era una minaccia. La sua tragica fine non fu una sorpresa. Andava maturando giorno per giorno fin da quando egli cominciò ad annunciare con passione il progetto di Dio che portava in cuore. Mentre la gente lo accoglieva con entusiasmo, in diversi settori si andava destando l'allarme. La libertà di quell'uomo pieno di Dio risultava inquietante e pericolosa. La sua condotta originale e non conformista li irritava. Gesù costituiva un fattore di turbamento e una minaccia. Il suo impegno nell'annunciare un ribaltamento della situazione e il suo programma concreto per accogliere il regno di Dio e la sua giustizia costituivano una sfida al sistema. Probabilmente l'operato di Gesù sconcertava quasi tutti, provocando reazioni diverse, ma il rifiuto andava maturando non nel popolo, bensì fra coloro che vedevano in pericolo il loro potere religioso, politico o economico. Era impossibile solidarizzare con gli ultimi come faceva lui senza subire la reazione dei potenti. Gesù mise assai presto in conto la possibilità di un epilogo fatale. Dapprima si trattava soltanto di una possibilità: più tardi sarebbe stata una fine abbastanza probabile: infine, una certezza. Ce lo disse chiaramente. Noi restavamo sconcertati. Non volevamo crederci.»

«Ma perché non l'avete fermato?»

«Io ho cercato di impedirglielo in tutti i modi. Sarebbe bastato tacere e non insistere su quanto poteva risultare irritante nel tempio o nel palazzo del prefetto romano. Non lo fece. Proseguì per la sua strada. Preferiva morire piuttosto che tradire la missione per la quale sapeva di essere stato scelto. Voleva agire sino alla fine da Figlio fedele al suo amato Padre. Con un po' più di prudenza si poteva evitare. Io, una volta, l'ho messo in guardia sui pericoli che correva, ma sono stato rimproverato aspramente: "Va indietro, Satana!". E' andato liberamente incontro alla morte. Bisognava avere molta fiducia per lasciare agire Dio e mettersi nelle sue mani, nonostante tutto. Gesù lo fece. Il suo atteggiamento non aveva nulla di una rassegnazione sottomessa; non si lasciava trascinare passivamente dagli eventi verso una morte inesorabile. Riaffermava la propria missione, continuava a insistere sul suo messaggio e osava farlo non soltanto nei villaggi appartati della Galilea, ma nei pericolosi ambiti del tempio di Gerusalemme. Nulla lo tratteneva. Di solito, quando si trovava a Gerusalemme, Gesù veniva ospitato a Betania in casa dei suoi amici Lazzaro, Maria e Marta. Quel giorno, di mattina presto, Gesù tornò in città e compì l'atto pubblico più grave di tutta la sua vita: cominciò a cacciare fuori quanti vendevano e compravano, poi rovesciò le tavole dei cambiavalute e i banchi dei venditori di colombe. Di fatto, fu questo intervento nel tempio a scatenare il suo arresto e la sua rapida esecuzione. Attaccare il tempio significava attaccare il cuore del popolo giudaico. Il simbolo intorno al quale ruotava tutto il resto, il centro della vita religiosa, sociale e politica. Qualsiasi aggressione al tempio costituiva un'offesa pericolosa, intollerabile, non soltanto per i dirigenti religiosi, ma per tutto il popolo.»

Cerco di interrompere Pietro chiedendo un chiarimento.

«Ma perché, Pietro, Gesù ha compiuto un gesto così pericoloso?»

Pietro si riprende, raccoglie le sue idee e, con molta calma, continua.

«Neppure noi l'avevamo capito. Chi avrebbe mai osato profanare o solo disturbare una celebrazione nel tempio? Era sacro e bisognava rispettarlo. Ma col tempo, dopo la sua morte ho capito. Era un gesto simbolico. Annunciava il giudizio di Dio non contro quell'edificio, bensì contro un sistema economico, politico e religioso che non poteva piacere a Dio. Il tempio era diventato il simbolo di tutto ciò che opprimeva il popolo. Nella casa di Dio si accumulava la ricchezza, mentre nei villaggi dei suoi figli crescevano la povertà e la miseria. Il tempio non era al servizio dell'Alleanza. Da lì nessuno difendeva i poveri né proteggeva i beni e l'onore dei più vulnerabili. Si stava ripetendo ciò che Geremia condannava ai suoi tempi: il tempio era diventato "un covo di ladri". Il "covo" non è il luogo dove si commettono i crimini. Bensì il luogo dove si rifugiano i ladri e i criminali dopo averli commessi. Così avveniva a Gerusalemme: non era nel tempio che si commettevano i crimini, ma al di fuori di esso; il tempio era il luogo dove i ladri si rifugiavano e ammassavano il loro bottino. Presto o tardi, doveva scoppiare un urto frontale fra il regno di Dio che predicava e quel sistema. Il gesto di Gesù ne era una distruzione simbolica e profetica. Annunciava la fine di quell'ordinamento di cose. Il Dio dei poveri e degli esclusi non poteva regnare in quel tempio, non poteva legittimare quel sistema. Con la venuta del regno di Dio, il tempio aveva perso la sua ragion d'essere. A quel punto, l'operato di Gesù era andato troppo lontano. Il personale di sicurezza del tempio e i soldati della fortezza Antonia sapevano quello che dovevano fare. Il caso non preoccupava soltanto i sacerdoti del tempio; inquietava anche le autorità romane. Il tempio era sempre stato luogo di conflitti; per questo lo sorvegliavano da vicino. Quanti mettevano in pericolo l'autorità del sommo sacerdote, fedele servitore di Roma, mettevano in pericolo la pace. Quell'uomo doveva essere eliminato. Da quel momento tutto precipitò. Dopo l'indimenticabile ultima cena, intorno alla mezzanotte venne catturato dalla polizia del tempio in un orto situato nella valle del Cedron, ai piedi del monte degli Ulivi, dove ci eravamo ritirati a pregare. Uno che condannava pubblicamente il sistema del tempio e che parlava davanti a giudei venuti da tutto il mondo di un "impero" che non era quello di Roma, non poteva continuare a muoversi liberamente nell'esplosivo ambiente delle feste di Pasqua. Fu condannato a morte durante il regno di Tiberio dal governatore Ponzio Pilato. Durante il processo riuscii ad intrufolarmi nel cortile della casa del sommo sacerdote. Lì sono stato riconosciuto dalla portinaia che cominciò a dire a tutti che io ero uno dei discepoli di Gesù. Vedendomi scoperto, giurai pubblicamente di non conoscerlo. Allora mi recai nell'atrio dove era stato acceso un fuoco dalle guardie e dai servitori del sommo sacerdote e mi mischiai a loro. Fui riconosciuto da un'altra serva, ma negai di nuovo di appartenere al gruppo di Gesù. Più tardi venni nuovamente riconosciuto dalla gente intorno al fuoco. Il mio accento galileo mi aveva tradito. Mi si strinsero attorno minacciosi. Senza via d'uscita, giurai ripetutamente di non averlo mai conosciuto. In quel momento un gallo cantò. Fuggii via piangendo amaramente.»

Pietro si ferma. Le lacrime sgorgano abbondantemente dai suoi occhi.

«Gesù fu processato sommariamente e condannato. Passa davanti a me e mi guarda. Vedo ancora il suo sguardo che mi fissa. Uno sguardo penetrante come una lama che ha messo a nudo tutta la mia povertà. Sono fuggito e mi sono nascosto per la paura. Ho seguito quel macabro rituale da lontano. L'hanno spogliato completamente per degradare la sua dignità, l'hanno gettato a terra, hanno steso le sue braccia sulla traversa orizzontale e con chiodi lunghi e solidi l'hanno inchiodato attraverso i polsi, facili da perforare e che permettono di sostenere il peso del corpo umano; poi hanno sollevato la traversa insieme al corpo di Gesù e l'hanno fissata al palo verticale prima di inchiodargli i piedi alla parte inferiore. Cominciava un lento processo di asfissia e, una volta morto, facile pasto dei cani selvatici. Da lontano l'ho sentito pregare. Il suo lamento diceva: "Attendo compassione invano, non trovo chi mi consoli; mi hanno messo veleno nel cibo, hanno spento la mia sete con l'aceto". Gesù è stato inchiodato alla croce fra le nove del mattino e le dodici a metà giornata; l'agonia non può prolungarsi ancora per molto. Per lui furono i momenti più duri; mentre il suo corpo si stava deformando, cresceva l'angoscia della progressiva asfissia; poco a poco rimaneva senza sangue e senza forze; i suoi occhi distinguevano a malapena qualcosa. Alle sue orecchie giungevano soltanto alcune beffe e le grida di disperazione e di rabbia di quanti agonizzavano accanto a lui. Anche lui grida nella sua lingua materna: "*Eloì, Eloì, lemà sabactani*". Sopraggiunsero le convulsioni. Poi il rantolo finale. Muore solo. La solitudine di Gesù è totale. Persino Dio sembra non rispondergli. Il suo amato Padre lo ha abbandonato a una morte ignominiosa.»

«Fermati, Pietro. Perché Dio non interviene? Dov'è? Perché tace? Perché lo abbandona proprio nel momento in cui ha più bisogno di lui? Gesù muore nella notte più oscura; non entra nella morte illuminato da una rivelazione sublime; muore con un "perché?" sulle labbra. Così, come molti miei fratelli in questa pandemia, muoiono nella solitudine, abbandonati, con un grande "perché?" nel cuore.»

Un lungo silenzio segue il racconto di Pietro. Maria si avvicina, gli asciuga il sudore e gli dà un bicchiere d'acqua. Pietro sembra aver percorso di nuovo le strade polverose della Palestina fino al monte Calvario. La fatica è evidente sul suo volto, ma riprende a parlare. Improvvisamente mi chiede: «Ma tu sai cos'è il dolore, il buio, il "perché" senza risposta?» La domanda mi coglie impreparato, ma la risposta è chiara e sofferta. Per un anno intero, a causa di un linfoma, mi son posto domande cercando risposte. Erano domande sulla mia persona. Adesso sono domande per tutta l'umanità in una barca che affonda minacciata da una tempesta unica nella storia.

«Si, lo so. Per me si chiama chemioterapia. Adesso, per molti, si chiama COVID-19.»

«Cos'è?»

«È una morte lenta che ti porta fin sull'orlo del precipizio. Ti toglie il respiro pian piano, muori soffocato, per mancanza di ossigeno. Come la morte di Gesù. È una prova di come si muore. Ti affacci sul vuoto. Avvicinandomi a questa morte lenta capisco che la nostra vita è un'opportunità che ci è data per dire "SI" all'amore. Lo desidero veramente? Molti dei miei sforzi tendono ad allontanare il più possibile questo momento. Non sono solo, sono in buona compagnia. Tutti gli sforzi che si fanno negli ospedali sono per spostare, anche se per poco, il confine della morte. Molti medici e infermieri ci lasciano la vita in questo sforzo disperato. Solo guardando dall'alto si riesce a trovare una ragione valida per vivere. Per me, cristiano, dovrebbe essere più facile avere una visione gioiosa della vita e della morte. So che colui che non dà un senso alla morte non può dare neppure un senso alla vita. Mi rendo conto, però, che adesso che la morte la sento nel mio corpo, la sento attorno a me dalla mattina alla sera, la realtà è un'altra: ho paura. Per i miei fratelli che non credono, che senso ha questo doloroso cammino che conduce inevitabilmente alla morte? Non tutti leggono la scritta posta all'ingresso dell'ospedale dove vado a curarmi: "tutto è possibile a chi crede". A nulla serve ripeterci: "Tutto andrà bene". In realtà rimaniamo appiccicati ai problemi concreti e immediati: pane, lavoro, famiglia, amicizia, amore. A volte diventano drammaticamente impellenti: malattia, tumore, medici, chemio, farmaci. Anch'io oscillo paurosamente tra slanci di spiritualità e esigenze materiali primarie che prendono il sopravento, tra paura e speranza.»

«Non è cambiato niente nel mondo. L'umanità è sempre la stessa. Anche noi, smarriti, impauriti, siamo rimasti con un grande «perché?» piantato nella nostra mente e nel nostro cuore. "Perché era finito così?", ci chiedevamo. Con la sua morte, tutto era veramente finito? Impauriti e nascosti in una casa di Gerusalemme quel "Perché?" risuonava insistentemente. Perché Dio aveva abbandonato quell'uomo ingiustamente punito con la morte per aver difeso la sua causa? Noi l'avevamo visto andare incontro alla morte in atteggiamento di obbedienza e di fedeltà totale. Come poteva Dio disinteressarsi di lui? Avevamo ancora scolpito nel cuore il ricordo dell'ultima cena: le sue parole, i suoi gesti, il dono di se stesso. In quelle parole e in quei gesti di commiato avevamo potuto intuire l'immensità della sua bontà e del suo amore; come poteva un uomo così finire nello *sheol* dove regna solo l'oscurità e la polvere? Dio abbandonerà nel paese della morte colui che, colmo del suo Spirito, ha infuso vita e salute in tanti ammalati e derelitti? Gesù, giacerà nella polvere per sempre, come un'ombra nel paese delle tenebre, lui che aveva destato tante speranze nel cuore dei semplici e dei poveri? Dov'era Dio? Gesù si era sbagliato nel proclamare la sua giustizia in favore dei crocifissi? Era stato tutto un'ingenua illusione di Gesù e nostra? Questi erano gli interrogativi che attraversavano la nostra mente. Eravamo rimasti desolati e sconcertati davanti all'accaduto. Non avevamo più parole: c'erano solo "Perché?". Il sabato è il giorno del grande silenzio e dei "perché?". Ma il giorno dopo il sabato, di mattina presto, sento picchiare alla porta di casa. Esco e vedo te, Maria. Ti ricordi Maria?»

«Come posso dimenticarlo Pietro? Tutto è impresso nella mia mente e nel mio cuore come se fosse oggi.»

«Eri tutta agitata mentre mi dicevi: Pietro, vieni subito! Hanno portato via il Signore dal sepolcro e non sappiamo dove l'hanno posto!»

«Ero sconvolta. La paura e la sorpresa si intrecciavano tumultuosamente dentro di me.»

«Allora esco, chiamo Giovanni e insieme corriamo verso il sepolcro.

Giovanni arriva per primo, vede la pietra ribaltata, si china dentro il sepolcro per dare un'occhiata. Gesù non c'era, vide solo le bende per terra. Arrivo anch'io, entro dentro il sepolcro. Il sole con i suoi raggi ne illuminava già l'interno. C'erano le bende per terra e il sudario, ben piegato, in un luogo a parte. Gesù non c'era! Giovanni entrò di nuovo, restò a lungo in silenzio, poi s'inginocchiò e scoppio in lacrime. Con il cuore che ci scoppiava per l'emozione siamo ritornati a Gerusalemme. I "perché?" del giorno prima cominciavano a dissolversi come la neve ai primi raggi del sole. Dio aveva rotto il suo silenzio e, a modo suo, aveva risposto. Gesù era vivo! Dio lo aveva risuscitato! Alcuni farisei, incalliti invidiosi, fecero circolare la voce che noi avevamo fatto sparire il corpo di Gesù. Ma come era possibile? Noi, per paura, pensavamo solo a scappare e a nasconderci! Un ladro, che interesse poteva avere a rubare un cadavere? Rubare o solo toccare un cadavere è un abominio in tutte le culture, ma nella nostra cultura e nella nostra religione è impensabile. Ci rende impuri per sempre. E poi, quale ladro spoglia un cadavere e piega con cura le bende e il sudario? No, quella era solo la risposta sorprendente, inimmaginabile di Dio alle nostre domande. La nostra convinzione divenne, allora, unanime e indistruttibile. La gioia, la speranza, Il coraggio rianimarono le nostre vite spente. Non potevamo più nasconderci e tacere. Siamo usciti allo scoperto, senza paura, a proclamare nelle piazze la stessa cosa: «La morte non ha avuto potere su Gesù; il crocifisso è vivo. Dio lo ha risuscitato!»

Vedo gli occhi di Pietro che brillano intensamente e il suo volto si illumina. Ero venuto per questo, per sentire dalla sua bocca queste parole: «Dio lo ha risuscitato!». Era meraviglioso vedere i suoi occhi stanchi illuminarsi di nuovo della luce della Risurrezione.

«Ti rendi conto, chiedo a Pietro, che stai parlando di qualcosa che è al di sopra di ogni immaginazione? Nessun essere umano è mai ritornato in vita dopo la sua morte.»

«Si, fratello, mi rendo conto che sto parlando di cose umanamente impossibili. Ma, contrariamente a quanto pensavamo, Dio non è rimasto passivo davanti all'esecuzione di suo Figlio. E' sceso fino allo *sheol* e si è addentrato nel paese della morte, dove tutto è oscurità, silenzio e solitudine. Lì giacciono i morti coperti di polvere, addormentati nel sonno della morte; fra di loro Dio ha destato Gesù, il crocifisso, lo ha messo in piedi e lo ha innalzato alla vita piena.»

«Tu confermi, Pietro, che questo è un fatto reale, non è né un prodotto della vostra fantasia né il risultato della vostra riflessione. Non è neppure un modo per dire che la vostra fede in lui si è risvegliata?»

«Ti assicuro di no, fratello. Non era frutto della nostra immaginazione o delle nostre paure. Non era un fantasma, era veramente lui, Gesù! La sera stessa dopo il sabato, mentre stavamo parlando di queste cose incredibili, Gesù in persona apparve in mezzo a noi e disse: "Pace a voi!". Stupiti e spaventati credevamo di vedere un fantasma. Ma egli disse: "Perché siete turbati, e perché sorgono dubbi nel vostro cuore? Guardate le mie mani e i miei piedi, sono proprio io! Toccatemi e guardate; un fantasma non ha carne e ossa come vedete che io ho". Ma poiché per la paura o per la gioia non credevamo ancora ai nostri occhi, disse: "Avete qui qualche cosa da mangiare?". Gli abbiamo portato una porzione di pesce e l'ha mangiato davanti a noi.»

«Ti chiedo questo, Pietro, perché anch'io credo di aver incontrato il Cristo risorto!»

«Dove?»

«A Roma, a Stazione Termini»

«Quando?»

«Nel 1973. Non ho dubbi sull'anno. Una sera d'estate. Non ricordo bene il giorno, ma era il mese di giugno. Erano le sei della sera: di questo ne sono sicuro perché guardai l'orologio.»

«Hai ricordi precisi, fratello, proprio come me. Se sei venuto da così lontano per trovare un vecchio malato, vuol dire che quell'incontro ti ha segnato la vita.»

«Indubbiamente. Non avrei fatto un viaggio così lungo per una banalità. Come è successo a te, anche a me ha cambiato la vita. Ma, ti confesso, è un alternarsi di fede e non fede, di luce e di ombre. Non è mai un'oscurità totale, ma anch'io, come voi, a volte mi chiedo se non è frutto della mia immaginazione, se colui che ho incontrato non fosse un fantasma, un esaltato come ce ne sono tanti in giro. Mi chiedo, persino, se il Cristo può apparire oggi in questi tempi moderni o post moderni in cui tutto è relativo, liquido, dove non c'è niente di sicuro, di stabile, di solidamente vero. Come affermare una cosa così paradossale in un mondo che crede solo a ciò che vede e a ciò che tocca?»

«In questo il tuo mondo non è, poi, così diverso dal mondo in cui sono vissuto io. E tu, fratello, non sei diverso da me. Cristo ha dovuto farci toccare con le mani le sue ferite perché noi potessimo credere. All'uomo riesce difficile credere a qualche cosa che esce dal suo piccolo orizzonte, che sfugge ai suoi progetti meschini. Credere a un uomo che risuscita dai morti, poi, è solo dono di Dio. E come è difficile accettare un dono!»

«Soprattutto ai nostri giorni, dove tutto deve essere frutto delle nostre mani e della nostra intelligenza anche se, in questo tempo di pandemia, le certezze vacillano e non sappiamo a chi e a che cosa aggrapparci.»

«E' sempre stato così. Quanto alle apparizioni, sappi che Dio non segue nessun calendario. Il tuo tempo e il mio tempo non sono così lontani. E' il tempo di Dio. Cosa vuoi che siano duemila anni? Un attimo... si, solo un attimo.

Immagina che questo sia il sabato, il sabato che seguì la sua morte. Il sabato del grande silenzio. Anche a noi quel sabato sembrava un'eternità. Un silenzio interminabile. Dio era morto. Non si risvegliava più. Il giorno dei «perché?» senza risposta. Forse questi duemila anni che ci separano sono solo quell'interminabile sabato della morte di Dio. E' un sabato che continua. Ma Dio non tace per sempre. Arriva l'alba del giorno dopo il sabato. Per te è arrivata, non è vero Maria?»

«La luce di quell'alba è ancora nei miei occhi.» Poi, rivolgendosi a me.

«Anche per te, fratello?»

«Si, quella sera d'estate del 1973»

«Perché lo ricordi così bene?»

«Ero triste e impaurito come te quando presero Gesù per condannarlo a morte. Volevo fuggire, nascondermi. Mi ha fermato e mi ha chiamato "Amico". Poi mi ha parlato dell'amore del Padre, di "Suo Padre". Non potrò mai più dimenticare quelle parole. Sono quelle parole che ti scendono nelle vene e diventano sangue del tuo sangue.»

«Parole di vita. Allora era lui, non ci sono dubbi. Solo lui ha parole che toccano il cuore.»

«Si, parole di vita, parole di speranza. Quelle parole che quando tutto sembra perduto risvegliano dentro di te energie nascoste. Come quella luce che squarcia la notte e annuncia un nuovo giorno. Quelle parole che niente, neppure i tuoi peccati, riescono a soffocare. Perché ci ho provato, Pietro, ho provato a dimenticare, a cancellare nella mia memoria il ricordo di quell'incontro. Ma non ci sono riuscito.»

«Perché vuoi dimenticare, cancellare l'unico punto luminoso della tua vita? Cosa ti resta dopo?»

«Mi restava una vita normale… una vita uguale a tutti gli altri. Uno di quella folla di gente che riempiva Stazione Termini quella sera d'estate del 1973.»

«E avresti fatto le cose che fan tutti, non è vero? E non saresti qui, venuto da tanto lontano a chiedermi il senso di quell'incontro, è così?»

«Si, proprio così. Hai detto bene. Volevo una vita normale, una vita impastata di quotidianità e banalità, senza grandi "perché" piantati come chiodi nel cervello, nel cuore della mia vita.»

«Ma non capisci, fratello mio, che è proprio il chiederti il senso di quell'incontro che ti mantiene vivo? E' il chiederti "perché" Dio ha fatto irruzione nella tua vita che mantiene desta la speranza e ti dà il gusto di vivere. Quando un raggio di eternità entra nella vita di un uomo, quell'uomo è condannato all'inquietudine, non ha più pace. E la vita diventa un'avventura meravigliosa.»

«Hai proprio ragione. Senza queste domande che non mi lasciano dormire, adesso starei a sbattere la testa contro un muro grigio, a fissare un cielo ermeticamente chiuso da una serranda.»

«Strana voglia di una vita piatta, senza incidenti, senza interventi dall'alto, senza miracoli, senza apparizioni. Una vita piatta, "normale", insomma. Dopo aver visto due volte Gesù risorto, anch'io fui preso da questa strana voglia. Volevo rimuovere tutto dalla mia mente. Come se non fosse successo niente. Io e i miei soci siamo tornati sulle rive del lago di Tiberiade. Abbiamo pulito e rimesso a posto la barca. Abbiamo respirato di nuovo l'odore acre del pesce salato. Abbiamo assestato le reti e la sera siamo ritornati al nostro lavoro. Abbiamo gettato le reti in acqua e abbiamo aspettato, come sempre. Quello era il nostro lavoro, la nostra vita. Ma quella notte abbiamo lavorato invano. Invano, capisci? Niente, niente di niente. Capita. La vita del pescatore è fatta così: a volte ti va bene, a volte ti va male. Quella notte andò proprio male. Albeggiava. I primi raggi del sole coloravano di rosa la superficie del lago. Dopo una lunga notte insonne e senza aver preso nulla ritornavamo a riva stanchi e delusi. Un uomo dalla riva ci faceva grandi gesti. "Amici, diceva. Gettate le reti dall'altra parte! Alla vostra destra!". Non capivamo quello strano consiglio gridato da uno sconosciuto a noi, proprio a noi esperti pescatori! "Che facciamo?", mi chiese Giovanni. "Che facciamo?", ripetei per prendere un po' di tempo. Ormai era mattina. La pesca era finita e finita male. Non avevamo più niente da perdere. "Buttiamo le reti dall'altra parte!", ordinai. Subito abbiamo notato un brulicare di pesci nella rete. Incredibile! Abbiamo cercato di tirarla su per la gran quantità che conteneva. A fatica l'abbiamo trascinata fino a riva. Lì c'era già quello sconosciuto che aveva acceso il fuoco. Giovanni sussurrò: "E' il Signore!". Io mi vestii in fretta e mi avvicinai. "Portate un po' del pesce che avete preso", ci disse. Titubante, in silenzio, gli portai i pesci che mise ad arrostire. Lo faceva con molta cura, delicatamente. Noi guardavamo in silenzio, ma nessuno osava chiedergli: "Chi sei?", perché sapevamo bene che era il Signore. Poi prese il pane e il pesce arrostito, ce lo diede e mangiò con noi. Era la terza volta che lo vedevo dopo la sua morte. Dimmi, come poteva essere "normale" la mia vita? Come potevo riprendere la vita solita del pescatore e del pescivendolo dopo che uno squarcio enorme si era aperto sull'infinito mistero di Dio? La mia vita era cambiata radicalmente. Non poteva più essere come prima e Gesù me lo fece capire chiaramente. "Simone, figlio di Giovanni, mi vuoi bene tu più di costoro?". "Certo, gli risposi, tu lo sai che ti voglio bene". Dopo un po' mi disse di nuovo: "Simone di Giovanni mi vuoi bene?". Gli risposi: "Certo, tu lo sai che ti voglio bene". Guardandomi bene negli occhi, per la terza volta mi disse: "Simone di Giovanni, mi vuoi bene?". Non sapevo più che rispondere. Conoscevo bene la mia fragilità. Quella domanda ripetuta per ben tre volte riaprì una ferita che non si era rimarginata del tutto. Era lo stesso sguardo tagliente e compassionevole del giorno della sua passione. Per tre volte l'avevo rinnegato. Per tre volte mi era apparso vivo dopo la morte e ancora volevo ritornare ad una vita normale, come prima. Com'era possibile tutto questo? Misuravo con amarezza la mia debolezza e la mia incredulità. Con le lacrime agli occhi gli dissi: "Signore, tu sai tutto; tu sai che ti voglio bene!". Allora Gesù mi pose la mano sul capo e con l'altra cercava di asciugarmi le lacrime, e mi disse: "Pasci le mie pecorelle". Aveva vinto. Stavolta definitivamente. Non potevo più resistere al suo amore. Arriva il momento in cui devi arrenderti. La mia infedeltà era curata e guarita dal perdono. Potevo cominciare una vita nuova. Da pescatore di pesci buoni solo per il mercato, ero diventato, ormai, pescatore di uomini per il regno di Dio. Per questo, io, povero e ignorante pescatore della Galilea, sono qui a testimoniare che Gesù è il fatto più reale, importante, decisivo che sia avvenuto nella storia umana, poiché costituisce il suo fondamento e la sua autentica speranza.»

Quell'uomo vecchio e malato, provato dall'emozione nel ricordare la sua vita con Gesù, mi faceva grande tenerezza. Una domanda mi viene spontanea.

«Ma io che ho vissuto la stessa esperienza duemila anni dopo, come potrei dire queste cose agli uomini e alle donne del mio tempo?».

«Non temere. Lo Spirito santo ti metterà in bocca le parole giuste per gli uomini del tuo tempo, ma non devi aver paura di annunciare che tu hai incontrato Gesù vivo. E' quello spiraglio, anche se piccolo, che permette a Dio di entrare nella storia. Senza la tua testimonianza il cielo rimane chiuso sulla testa degli uomini come una grigia e impenetrabile saracinesca. Ciò che hai vissuto in quell'incontro è reale. Se le parole lasciano un segno, un solco profondo nella vita, non sono chiacchiere di un illuso o immaginazioni di uno stupido esaltato. Quegli attimi che hai vissuto in mezzo alla folla di Stazione Termini gettano luce nel cuore della tua vita, ma possono dare speranza anche a un mondo disperato davanti al dilagare della pandemia e alla porta blindata della morte. Anche noi, in una barca che stava affondando sotto l'infuriare della tempesta, eravamo terrorizzati. Gesù ha calmato la furia delle onde. Chi ha comandato ai venti, comanda anche ai virus. Lui è l'unica speranza per il vostro mondo che affonda.»

Pietro è visibilmente stanco. Ha fatto uno sforzo enorme per ripercorrere la sua avventura con Gesù. Qualcuno si avvicina e mi fa capire che il colloquio è terminato. Mi inginocchio davanti all'apostolo baciandogli la mano. Si avvicinano anche i due giovani che lo sollevano di peso. Prima di lasciarmi mi dice:

«Qui a Cafarnao c'è anche Tommaso. Andate a trovarlo.»

Mi fa un cenno di saluto con la mano prima di sparire dietro la porta.

DIDIMO

Sapevo che non sarebbe stato facile trovare Tommaso. In alcune parti lo conoscevano solo per il soprannome "Didimo". Niente di strano. Anche in alcuni paesi della Sardegna la gente si conosce solo per il soprannome. Per avere qualche informazione su di lui dovevo aggiungere: "Tommaso, l'apostolo di Gesù!". Altri lo conoscevano solo con un altro soprannome: "l'incredulo". Non era giusto, e infatti io non lo chiamavo mai con questo nome. Tommaso mi ispirava, invece, molta simpatia. Con lui provavo un certo "*feeling*". Prima di tutto per la sua generosità. Giovanni racconta che subito dopo la morte di Lazzaro, i discepoli si opponevano alla decisione di Gesù di tornare in Giudea, dove gli Ebrei avevano precedentemente tentato di lapidare Gesù, ma questi è determinato, e Tommaso dice: «Andiamo anche noi a morire con lui!». Debbo confessare che mi è simpatico anche per la sua incredulità. In questo mi riconosco uomo del terzo millennio, e credo che molti miei contemporanei si riconoscano in questo discepolo quando esplicitamente o implicitamente dicono: "Se non vedo con i miei occhi e non tocco con le mie mani, non credo!". Ma, in fondo, Tommaso è un uomo di fede. Ecco perché Tommaso mi ispira simpatia. E' quell'intreccio di incredulità e fede, così difficile da definire, ma così vicino alla nostra sensibilità di uomini del terzo millennio. Per questo lo voglio rintracciare a tutti i costi. Voglio vederlo in faccia questo apostolo, e sentire dalla sua bocca i sentimenti che ha provato nell'incontrare Gesù risorto.

Non è facile, lo so, ma insieme a Maria inizio il mio viaggio verso Gerusalemme. E' lì che si è consumata tragicamente l'avventura di Gesù, ma è lì che è iniziata l'avventura della Chiesa fondata sugli apostoli. Tommaso è uno di questi. Cafarnao dista da Gerusalemme circa 190 Km. In macchina, oggi, si fa in meno di 3 ore di viaggio. In quei tempi, con Maria di Magdala, abbiamo camminato per dieci giorni, costeggiando il lago di Galilea e poi salendo sulle colline della Giudea.

Lungo il cammino ci rendiamo conto che l'impresa non è facile per un altro motivo: venti di guerra soffiano sulla Giudea. Troviamo posti di blocco dappertutto. L'ingerenza diretta di Roma in Palestina era cominciata già alla morte di Erode il Grande e andava sempre più aumentando, man mano che scomparivano i figli ed eredi di Erode; alla fine tutta la regione era passata sotto il governo diretto di Roma, rappresentata sul posto da un *procurator* residente a Cesarea marittima. Il governo dei procuratori fu, a seconda delle persone, talvolta buono o anche ottimo, talvolta pessimo specialmente negli ultimi tempi quando l'insofferenza dei governati aumentava sempre più; ma nel complesso le condizioni del paese non peggiorarono in confronto con i tempi del governo tirannico di Erode il Grande, tanto più che il nome di Roma era una garanzia di protezione e sicurezza di fronte alle popolazioni circonvicine. Anche sotto l'aspetto religioso Roma, secondo il suo solito, portò rispetto ai riti e ai costumi locali, anche nelle manifestazioni più strane per un Romano e più imbarazzanti per un governatore: alcune gravi violazioni a questa reverenza, come ai tempi dello squilibrato Caligola o del tracotante Ponzio Pilato, furono subito sconfessate e riparate.

Alla fine, stanchi ma felici, arriviamo a Gerusalemme. Ci inoltriamo per le viuzze del centro perché mi hanno detto che lì, in una vecchia casa, abita una parente dell'apostolo Tommaso. Mi perdo in un intreccio interminabile di vicoli e, alla fine, mi ritrovo davanti alla casa che mi è stata indicata. Sul portone di casa c'è scritto: *Yehudah*. E' il nome di famiglia, discendente dell'antica casa di Giuda. Gente che ha la ribellione e la resistenza nel sangue. Viene ad aprirmi una donna dal volto quasi completamente velato che mi accoglie gentilmente. Dalla voce intuisco che è una donna di mezza età. Una volta terminati i riti della tradizionale ospitalità, vengo all'oggetto della mia visita.

«Sono uno straniero e vengo da un paese e da un tempo lontano. Voglio incontrare suo fratello, quello che ha visto Gesù risorto.» La donna scompare per un lungo tempo. Si sente parlottare con qualcuno. E' una lunga attesa. Si odono voci concitate. Alla fine appare un uomo alto e robusto. Intuisco che è Tommaso perché va subito ad abbracciare Maria. I due si conoscono e non riescono a nascondere l'emozione dell'incontro. Maria mi presenta con le solite parole.

«E' uno straniero che viene da molto lontano e vuole conoscerti.»

Tommaso mi mette subito a mio agio invitandomi a stare comodo su un cuscino. Mi presento e gli descrivo la situazione del mio paese in preda a una pandemia.

«Mi porto dentro tutto il pianto di un mondo devastato dalla malattia. Il sospetto ci porta a diffidare anche dei parenti e degli amici. Tutti sono diventati pericolosi. Qualcuno ha scritto: "l'altro è l'inferno!". Vengo qui dove il Cristo che tu hai conosciuto è rimasto solo, di quella solitudine che conoscono le nostre piazze deserte e le nostre chiese vuote. Siamo davanti alla croce, smarriti, senza parole, con una fede debole che vacilla, con il terrore che si spenga del tutto. Ci ritroviamo impauriti come voi discepoli nei giorni della passione. Non possiamo andare avanti da soli, abbiamo bisogno della vostra testimonianza. Per questo sono qui da te, Tommaso.»

«Chi più di me può capirvi? Chi più di me ha fatto l'esperienza del buio, dell'inferno, della paura che la vita sia solamente un'avventura inutile? Ma nessuno più di me ha fatto l'esperienza dell'amore e della misericordia di Gesù.»

«In questo tempo di desolazione c'è una domanda che ritorna prepotente. In una società che credeva aver risolto tutti i problemi, la gente muore per terra nei corridoi degli ospedali. Non si fa in tempo né a curarli né a seppellirli. Una vita spesa per gli altri, e poi la morte nella solitudine.»

«Qual è questa domanda, fratello?». Esitai un istante. Fare un viaggio così lungo e pericoloso per una domanda, ne valeva la pena? Si, dissi tra me, ne vale la pena, perché tutta la mia vita è centrata su questa domanda, e oggi il mondo ha bisogno di una luce. Mi feci coraggio.

A questo punto, gli chiedo: «Ma perché molti ti chiamano Didimo? Non riuscivo a trovarti perché io chiedevo di un certo "Tommaso".»

«"Dìdimo" è un nome simbolico e ambiguo. Non è un soprannome come tu e molti altri credete, in realtà è la traduzione greca della parola aramaica «Tôma», che significa didimo, cioè gemello.»

«Ciò vuol dire che hai un fratello gemello?»

«No, affatto.»

«Tu, Tommaso, gli dissi, sei vissuto tre anni con Gesù. Hai sentito la sua parola, hai visto i suoi segni. L'hai visto morire sulla croce e poi... poi l'hai visto vivo, risorto?»

Gli occhi dell'apostolo luccicano. Vedo le lacrime sgorgare dagli occhi e rigare il suo volto. Mi sento imbarazzato.

«Perché mi fai questa domanda? mi disse. Sai quali sentimenti risveglia in me?»

«Lo so, Tommaso, e mi dispiace riaprire una ferita che ti fa ancora male.

Ma è la domanda che mi pongo io e molti miei contemporanei... almeno quelli che hanno conservato un senso religioso della vita. Per quelli che segretamente, nel loro cuore, dicono: "Se non vedo nelle sue mani il segno dei chiodi e non metto il dito nel posto dei chiodi e non metto la mia mano nel suo costato, non crederò!". Così pensano e dicono. Altri non riescono più a bisbigliare neppure queste parole, e non credono. Vedere, toccare, provare con la ragione. Quello che volevi tu, duemila anni dopo, lo vogliono anche gli uomini del mio tempo. Davanti a un virus invisibile che ti minaccia da tutte le parti e non sai come difenderti, anche i più scettici si chiedono: "Dov'è Dio? Può assistere impassibile e indifferente di fronte a tanto dolore dell'umanità? Perché non parla, non interviene? Che senso ha questa breve e fragile avventura umana?» A fatica, dopo un lungo silenzio, Tommaso comincia a parlare.

«In fondo, non lo dico per scusarmi, ma non ero solo io a dubitare. Tutti i discepoli hanno dubitato. Le stesse domande che fanno i tuoi contemporanei ce le ponevamo noi davanti ai fatti tragici della vita di Gesù. Domande che risuonavano nel silenzio più totale. Dio taceva in un silenzio di morte. Nel sepolcro si era spenta la voce di Dio. Il fatto della risurrezione ci sorprendeva e ci superava tutti immensamente. Superava ogni nostra immaginazione. Le mie parole erano quelle che ognuno rimuginava dentro, nell'amarezza diventavano bestemmie... e forse son le stesse che agitano la mente e il cuore dei tuoi contemporanei in questo momento. Il dubbio è la grande malattia dell'uomo.»

«Ci chiediamo, sgomenti, come abbiamo potuto accettare, soltanto in nome di un rischio che non era ancora possibile precisare, che le persone che ci sono care non soltanto morissero da soli, ma che i loro cadaveri fossero bruciati senza un funerale.»

«La paura oscura la mente e indurisce il cuore. Voi siete terrorizzati da un virus invisibile. Io avevo paura di una grande illusione. Non c'è niente di peggio che una speranza tradita e un sogno svanito.»

«Spiegati meglio, Tommaso.»

«E' una lunga storia. Per capire dovrei raccontarti il mio rapporto con Gesù di Nazaret. Nel momento in cui Gesù annuncia la morte di Lazzaro e la sua decisione di tornare in Giudea, tutti noi siamo spaventati perché Gesù rischia seriamente; difatti dare la vita all'amico Lazzaro gli costerà la vita. Tutti ci rendiamo conto che la situazione è pericolosa e rischiosa, ma mentre gli altri discepoli sono titubanti, incerti e vorrebbero convincere il maestro a non andare, io prendo la parola con grande entusiasmo e dico agli altri: "Andiamo anche noi a morire con lui!". Esorto gli altri con più forza: "Su, forza, coraggio, andiamo anche noi a morire con lui". Se lui ha il coraggio di andare e di rischiare la vita, noi anche, lo seguiamo, andiamo con lui e se è il caso moriamo con lui. Ero pronto a seguire il maestro fino alla morte. In realtà non fu così. Infatti nell'Ultima Cena quando Gesù annuncia la sua partenza, con l'intenzione di andare a preparare un posto anche a noi, gli dico: "Signore, non sappiamo dove vai e come possiamo conoscere la via?" Gesù mi risponde: "Io sono la via, la verità e la vita". A questo punto la confusione è totale. Dopo tre anni vissuti con lui non avevo capito niente. La prima volta avevo detto e ripetuto "Andiamo, andiamo a morire con lui"; adesso confesso "Non so dove vai". Ma allora ero disposto ad andare con lui senza sapere dove andavo. Ero completamente confuso: non avevo capito molto di quel che Gesù stava dicendo e quali erano le sue intenzioni. Vuol dire che non avevo assimilato le sue parole, ma stavo andando senza sapere dove. Adesso, capisci fratello?»

«Comincio a capire, e la tua storia rassomiglia molto alla mia. E' capitato anche a me di chiedermi: "Ma dove sto andando?" Cammino, so che a un certo punto entro in un tunnel buio, un tunnel che si avvicina sempre di più e non so se riuscirò a rivedere la luce. Così, come me, molti miei fratelli minacciati dal coronavirus, camminano senza sapere dove stanno andando e che cosa li aspetta dopo il tunnel. E' per questo che sono qui da te.» Tommaso riprende.

«Nella mia mente c'era il buio, per questo Gesù mi ripete – come se fosse una cosa ovvia – "La strada sono io", venire con me vuol dire camminare attraverso di me, camminare come me, seguirmi effettivamente, vivere come me. Ma non ero solo. Anche gli altri miei compagni erano al buio: "Non sappiamo da dove vieni". Adesso tutti confessano che non sanno dove va e da dove viene. Immagina la confusione. Ma come era possibile? Gesù ce l'aveva detto dall'inizio: "Vengo dal Padre e vado al Padre". Non basta però sentire le cose per poterle capire, afferrare, condividere.»

Lo interrompo perché la sua confessione mi colpisce.

«Come ti capisco, Tommaso. Quante volte anch'io, sacerdote, ho sentito e annunciato le parole di Gesù, ma quando queste parole ti toccano in profondità non capisco più, ho altre idee, sono le mie, un'altra mentalità che continua ad essere quella del mondo, e non so come si fa, non so più dove si va. Ma come? E tutte le volte che l'hai sentito? Lo sai; magari l'hai spiegato agli altri e adesso che si applica a te, perché non sai? La comprensione autentica e profonda della parola di Gesù è un passaggio importante, anche se doloroso, quando diventa esperienza della tua vita, quando diventa il tuo pensiero, quando le idee sue sono le tue idee. »

«Non bastano le idee. Non basta la comprensione. La sua vita deve diventare la tua vita. Poi, quando la sua croce diventa la tua croce, scatta dentro una ribellione.»

«Hai detto "ribellione", Tommaso? Si, è la parola giusta. Quando si parla di croce, di morte, il cuore si ribella.»

«Si, ribellione. In noi c'è un istinto di ribellione. E' quello che ho provato io di fronte alla croce.»

«Anch'io pensavo di non provare mai questo sentimento. Una cosa è accettare la croce e la morte, quel tunnel inevitabile, con la ragione, un altro toccarla con mano, o meglio, sentirla dentro di te! Tutte le volte che noi ci rendiamo conto in modo serio di dover morire, proviamo veramente questo effetto. Si sapeva dell'esistenza di questo "piccolo inconveniente" nella vita, ma un conto è vederlo di sfuggita, e non pensarci più di tanto, e un conto è invece pensarci seriamente e vederlo in faccia. Quando questo "inconveniente" si chiama "linfoma" o "coronavirus", allora la morte ti sembra il più grande insulto di questo mondo; ti sembra un'offesa, un dispetto che viene direttamente dalla mano di Dio, perché, gira e rigira, c'è proprio di mezzo Lui.»

«Anche tu hai avuto paura, allora sai cosa vuol dire essere disorientato.»

«Più che disorientato, stordito. Nel nostro tempo, per non pensarci, cerchiamo distrazioni, e ce ne sono tante! E poi, siccome la paura della morte rimane e non possiamo eliminarla del tutto, non ne parliamo più. La esorcizziamo con un folle e generale stordimento. Quando la morte inevitabilmente arriva ci caschiamo dentro come in una trappola, e diciamo che è un incidente di percorso. Adesso la colpa è del coronavirus. E' lui il colpevole.»

«Io non lo nascondo, noi tutti avevamo paura. Quella paura che ci paralizza, ci rende vagabondi, erranti da un posto all'altro, senza direzione. Quando Gesù parlava dei terribili segni che provocano l'angoscia e lo smarrimento davanti a certe realtà, ci avvertiva di non correre da una parte all'altra presi dal panico, sradicati e sbattuti come canne al vento. Bisognava rimanere fermi, pieni di fiducia. È l'immagine primitiva che si riappropria della nostra vita. Non bisognava aver paura di ritrovare noi stessi. Ma in quel momento, chi non ha solide radici, un centro forte e stabile, perde il senso della direzione. Io, e gli altri avevano perso il centro e il senso della vita e della storia. Credevamo in un "regno" diverso, senza debolezze, né sofferenze. Perché non l'avevamo capito? Perché quando tocca a noi abbiamo una difficoltà enorme a capire; anche se la testa lo sa, poi comprendere – far diventare nostra quella strada – è duro, perché il nostro vecchio uomo, l'io corrotto, il cuore di pietra, si oppone. Forse, adesso, hai intuito che cosa può significare "gemello", "didimo".»

«Comincio a capire quello che eri e quello che ero anch'io. Il "gemello" è doppio, una figura duplice, un personaggio con due volti, al punto che non sappiamo più quale è il nostro vero volto. C'è una differenza tra il dire e il fare, tra la teoria e la pratica.»

«E' il dubbio che ci entra dentro come un tarlo, che equivale a doppio. E' la condizione in cui si hanno due prospettive e non si sa quale scegliere. Se c'è una strada sola non si hanno dubbi; per avere un dubbio di strade ce ne devono essere due e non sapere quale delle due scegliere. Il dubbio è un bivio, è l'occasione della scelta; il dubbio non è un problema in sé, non è un peccato, è come la tentazione che bisogna scegliere quale è quella giusta. E' già importante accorgersi che bisogna scegliere; poi è importante scegliere bene. In questa dualità che impone una scelta mi sono giocato la vita.»

Tommaso si ferma per respirare profondamente. Mi guarda fisso per assicurarsi che seguo e che capisco quello che sta dicendo. Osservo anch'io quel silenzio per interrogarmi sui dubbi e sulle maschere che uso per nascondermi. Ho grande rispetto per quell'uomo maturo che si sta confessando senza paura. Poi continua.

«Io ero quell'uomo "diviso". Il gemello, "Didimo": due fratelli, uno che credeva e un altro che non credeva. Uno entusiasta di andare con Gesù fino alla morte, e un altro che non sapeva dove andava, anzi che non voleva andare dove andava Gesù. Non era solo ignoranza, era un rifiuto deciso. Gesù infatti parlava chiaramente della sua morte, della sua umiliazione: la lavanda dei piedi, l'annuncio del tradimento, la prospettiva della croce erano tutti segnali evidenti della sua decisione.»

A questo punto ho il coraggio di interrompere Tommaso, dicendogli: «Quello che tu dici l'ho provato anch'io, ed è la vita di molti cristiani del mio tempo. Quello che m'interessa sapere è ciò che ha cambiato la tua vita. Dopo un viaggio così lungo debbo tornare al mio paese, alla gente chiusa in casa terrorizzata, con una buona notizia.»

«Una buona notizia? Hai proprio ragione. Di brutte notizie ne sentiamo dalla mattina alla sera. Anche di "gemelli" come me, cioè di persone divise, ce ne sono tante al mondo e ce ne saranno sempre. Cosa è successo dopo? Il giorno stesso della domenica di Pasqua, il Signore risorto si fa presente nel cenacolo agli altri discepoli, io non ero con loro quando venne Gesù. Mi nascondevo perché avevo paura e volevo farla finita con quella storia. Vengono a casa e mi dicono: "Abbiamo visto il Signore!". Anche tu Maria, presa dall'emozione, hai annunciato la stessa cosa a Pietro, a Giovanni, agli altri discepoli, non è vero?» Maria arrossisce e china la testa.

«Ma io, intestardito, dico loro: "Se non vedo nelle sue mani il segno dei chiodi e non metto il dito nel posto dei chiodi e non metto la mia mano nel suo costato, non crederò"».

«Non volevi credere?»

«Non esattamente. Non potevo credere. Il segno che io volevo vedere erano le piaghe di Gesù, cioè i segni della sua passione. Per passare dal dubbio alla pienezza della fede volevo verificare che in quello che dicevano essere il

Risorto c'erano i segni del Crocifisso, perché altrimenti poteva essere un altro. Dovevano proprio essere i segni dei chiodi e la ferita del costato; dovevano esserci per poter essere sicuro che il Crocifisso era risorto. Non era una mancanza di fede, un atteggiamento da incredulo, ma una ricerca di verifica, di intelligente verifica.»

«Ed è per questo che il Signore ti ha accontentato? Anche a me, a stazione Termini il Signore mi ha detto: "io sono perseguitato". In qualche modo voleva mostrarmi le sue ferite.»

«Io volevo delle garanzie, per me e per gli altri dopo di me. Otto giorni dopo, la domenica, i discepoli erano di nuovo in casa e c'ero anch'io. Venne Gesù, a porte chiuse, si fermò in mezzo a noi e disse: «Pace a voi!». Poi, avvicinandosi e guardandomi negli occhi, mi dice: «Metti qua il tuo dito e guarda le mie mani; stendi la tua mano, e mettila nel mio costato; e non essere più incredulo ma credente!». A quel punto ho creduto ed esclamai: «Mio Signore e mio Dio!»

«Non hai toccato le sue piaghe?»

«Non c'era più bisogno, ma mi ha offerto la possibilità di farlo. Dio è rispettoso della libertà.»

«A me aveva detto "Non toccarmi"», interrompe Maria.

«Siamo diversi. Per te non c'era bisogno di toccarlo. Io dovevo toccare. Per ognuno il Signore si rapporta secondo le sue capacità, facendo quello che è giusto per ciascuno di noi. La mia reazione fu istantanea: "Mio Signore e mio Dio".»

«E Gesù?»

«Mi disse: "Non essere più incredulo, ma diventa credente". Stavolta avevo scelto la strada giusta, ma, nello stesso tempo mi diceva che la fede è un cammino. È tutta la prospettiva della vita, non vivere nella strada dell'incertezza, dell'infondatezza, dell'infedeltà, della sfiducia, ma diventa nella strada della fondatezza, della certezza, della fiducia, della fedeltà. Diventa, maturo nella fede, cresci; nel dubbio, nella situazione doppia, scegli la strada giusta. Stavolta avevo scelto la strada giusta: Gesù diventava il mio Signore e il mio Dio.»

«Ma cos'è cambiato nella tua vita a partire da quel momento?»

«E' cambiato tutto. Dopo l'apparizione del risorto, vedo tutto alla luce della fede. Infatti mi fa capire che il risorto è la nuova creazione. Per entrare in contatto con lui, è necessario il senso della nuova creazione, che è l'abbandono di tutto l'uomo allo Spirito di Dio. Adesso non ho più un gemello simile a me, ma Cristo è il mio gemello, perché io sono diventato simile a lui. Lui è la mia verità.»

«Da noi, in questo tempo, la verità è frutto della ragione, della tecnica, anzi molti dicono che non esiste affatto la verità. Navighiamo in un mondo liquido, senza certezze, senza punti di riferimento. In questo tempo di pandemia, anche la Chiesa sembra essersi fatta l'ancella della scienza, che è ormai diventata la vera religione del nostro tempo. Le chiese vuote anche a Pasqua danno l'impressione di aver radicalmente rinnegato i principi più essenziali della fede.»

«La ragione deve fare la sua strada, deve compiere il suo lavoro e spingersi fino all'ultima soglia, ma, a un certo punto è costretta ad ammettere ciò che da sola non può darsi senza essere stata purificata. In poche parole, deve dichiarare la propria incompetenza per raggiungere la sua verità più originale. La fonte della certezza le sfugge, perché la ragione ha bisogno della fede e la fede che non ragiona non è vera fede. Il credente non può rinunciare alla ragione, e nello stesso tempo riconosce nella fede un superamento di essa. Se non lo fa l'uomo si ammala.»

«Hai detto che la ragione è la malattia dell'uomo?»

«No, ma l'incapacità di accogliere la verità è la malattia della ragione.

L'uomo è ferito, deve essere guarito.»

«Ferito dalla ragione trionfante?»

«No. Ferito dal suo peccato e dalla condizione di lacerazione sin nella sua ragione. L'uomo è un dio caduto che si ricorda del cielo.»

«I miei contemporanei non si ricordano neppure del cielo. Hanno chiuso il cielo con una pesante e grigia saracinesca.»

«Possono blindare il cielo, ma non cancellare del tutto la nostalgia del cielo.»

«Il problema per noi, Tommaso, è che il modello più comune della ragione è quello della tecnica. Questa ragione tecnica è straordinariamente potente e inventiva in tutti i campi, ma nello stesso tempo essa è priva di saggezza, del sapore del vero e della gioia del bene.»

«Ti capisco fratello, continua Tommaso, anche se tu vieni da un tempo lontano diverso dal mio, il problema è lo stesso. L'uomo è stato ferito nella sua dignità ma tu come credente non puoi rinunciare a sperare. Nella sua storia concreta l'uomo ha bisogno di un riscatto, di una liberazione. Per giungere alla saggezza e alla bontà prime, l'uomo ha bisogno della salvezza. Quella salvezza che io ho sperimentato quando ho incontrato Gesù risorto dai morti. Prima anch'io facevo Dio a mia immagine. Proiettavo in lui tutte le mie misere ambizioni, le mie ossessioni affettive, i miei sbalzi di umore. Così come fa questa gente che non conosce Gesù. Voi lo chiamate "relativismo", altri la chiamano "democrazia spirituale". In fondo vuol dire che ognuno, nell'infinita vetrina di dei, sceglie quello che si adatta meglio ai suoi gusti.»

«Il mio mondo che pensava di essersi liberato del divino e del mistero, si è ricreato i suoi divi e le sue divette ed è ripiombato nella paura del misterioso che non riesce ad esorcizzare neppure con la magia.»

«Si, fratello, solo Gesù risorto è la nuova creazione. Anche noi, adesso, possiamo dire con Dio: "Questo è buono!". Quando Dio guarda la sua creazione, sta scritto, "vide che ciò era buono, e fu il primo giorno". Da quando ho incontrato Gesù risorto è iniziata la nuova creazione. Ogni persona che incontro e ogni cosa che mi capita, dico: "Questo è buono!". E' il mio primo giorno. Tutti i giorni sono il mio primo giorno: il giorno della risurrezione.»

«Duemila anni dopo, Tommaso, anch'io debbo dire: "E' il primo giorno! Il giorno della nuova creazione, perché ho incontrato Cristo risorto!»

«Certo, fratello, perché questo è il giorno che non tramonta, è il giorno che ci apre l'eternità. Anche a te Gesù ha mostrato le sue ferite?»

«Prima mi ha mostrato le ferite degli altri, dei miei fratelli africani. Corpi massacrati, dilaniati col machete. Poi mi ha aperto gli occhi sulle mie ferite. Ferite interiori, ma sempre sanguinanti. Poi mi ha mostrato le sue ferite.»

«Dove?»

«A Roma, in piena Stazione Termini. Era una sera d'estate del 1973. Dopo avermi parlato dell'amore del Padre con parole indimenticabili che mi bruciano ancora nel cuore, chiesi "Chi sei?", mi rispose: "Sono un perseguitato". Da allora ogni uomo che mi mostra le sue ferite dentro o fuori, sono le ferite di Gesù perseguitato e risorto.»

«Allora non ci sono dubbi: questo è' il tuo primo giorno della creazione, fratello. Non aver paura di dire: "Questo è buono!". Se i credenti hanno un servizio da rendere all'umanità intera, il servizio è quello di custodire questo tesoro che gli uomini sono portati a dimenticare. Di fronte alla disperazione dilagante al tempo del coronavirus, conserva la fede, non aver paura di proclamare l'affermazione originale: "Questo è buono!"».

«Ci consoliamo dicendo "tutto andrà bene", ma non è facile conservare la speranza in mezzo ai drammi terribili e alle oscure follie della storia. Il male è là, crudele, schiacciante, opprimente...»

«Bisogna passare attraverso esperienze di solitudine, di quarantena, di buio, di lotta, di vedere e non vedere, di manifestazione e nascondimento. L'incontro con Dio è un combattimento all'ultimo sangue. Dio desidera incontrare l'uomo nella sua verità e libertà, non brandelli di persona o caricature. Non cerca l'impeccabile. Cerca l'uomo, l'uomo nella sua autenticità, l'uomo che dubita ma che non si stanca di cercare.»

«Se ho fatto questo lungo viaggio è per cercare l'uomo dentro di me, per presentarmi nudo davanti a lui... spoglio di atteggiamenti superficiali e di desideri velleitari. Anch'io son vissuto sdoppiato, frammentato, alla ricerca di me stesso. Finché una TAC sentenziò: "Linfoma non Hodking". Le certezze e i miei progetti sono crollati. All'entrata dell'ospedale "Regina Elena" a Roma ho trovato la scritta: "Tutto è possibile a chi crede". Da quel momento ho capito che non bastava toccare le ferite degli altri, ma che dovevo mettere il dito dentro le mie ferite. Erano ferite profonde, le mie ferite erano le ferite di Cristo. Toccando ogni giorno le mie ferite, non dormendo di notte, il Cristo, che avevo cercato di narcotizzare, si risvegliava dal sonno dentro di me: usciva dal sepolcro, risuscitava, mi mostrava il suo volto di misericordia.»

«La rivelazione del volto di Dio, nella fede, è un'avventura misteriosa, in ogni tempo, in mille situazioni diverse: ogni "scorcio" di questo volto è da espugnare, anche se resta profondamente vero che è Dio stesso a muoversi per primo incontro all'uomo. E' Dio stesso che offre al credente la possibilità di poterlo espugnare. Con me Dio si è lasciato espugnare, fino al punto di mostrarmi le sue ferite. E' una vera lotta in una notte oscura, dove l'incontro o lo scontro è retto solo dalla fede, non più grande di un granello di senape, ma sufficientemente grande perché Dio non resti rivestito per sempre di assenza.

Alla fine, il vincitore è lui, ma hai la sensazione di aver vinto tu, perché hai ritrovato te stesso.»

«Dio si rende volontariamente vulnerabile?»

«Si. Per questo è qui, in mezzo a noi, con il suo amore, la sua misericordia, la sua tenerezza, la sua pazienza. Cristo è risorto, vincitore della morte e del male. Ha voluto che io toccassi con le mie mani la sua vulnerabilità... le sue ferite! Ho toccato un Dio ferito... per amore! Era ferito, ma vivo... e anche a te, nell'ospedale o a Stazione Termini, confuso in mezzo alla gente, ti ha fatto toccare la sua vulnerabilità. Di che cosa hai paura allora?»

«Adesso, Tommaso, capisco le tue parole di fede: "Mio Signore e mio Dio!". Da incredulo per eccellenza sei diventato il modello per tutti i credenti.»

«Non credere, fratello mio, che sia tutto così semplice. La fede non è mai scontata. In noi si risveglia continuamente questa domanda: "Ma il Signore è in mezzo a noi o no?". Questa domanda a volte sonnecchia, a volte emerge dal cuore del credente fino a diventare grido, invocazione o bestemmia. E' la domanda che si pongono i tuoi fratelli in questo tempo di pandemia da coronavirus.»

«Pensavo di essere solo a pensare che dentro di me c'è un non credente e che tutti i giorni sono obbligato a confessare che fede e incredulità mi abitano e mi attraversano, che la frontiera passa dentro di me. Per questo son venuto fin qui, per incontrare te, l'apostolo che molti chiamano ancora "l'incredulo". Dovrebbero venire qui, parlare con te, per capire chi sei veramente.»

Tommaso abbozza un leggero sorriso.

«Non sei solo, fratello mio. Dentro ogni credente c'è un ateo che si ignora. Dall'incredulità il credente dovrebbe imparare a non essere né arrogante né fanatico, dovrebbe poter accogliere il dubbio come una dimensione che lo costituisce, accettare la ferita bruciante che è in lui, e la sua debolezza e la sua fragilità che non sono una vergogna.»

«In verità ho sempre creduto che fede e ricerca non si escludono, e chi può dire che la fede implica l'esclusione definitiva di ogni interrogativo a proposito della fede stessa? L'incertezza, Il dubbio possono coabitare con la fede, e il credente è così invitato a interrogarsi sulla parte di incredulità che scopre in se stesso. Anche in un apostolo che ha visto il Cristo risorto...»

Qui Tommaso si ferma, non riesce ad andare avanti. Io cerco di continuare la frase.

«Anche in un apostolo che ha visto il Signore risorto...» Tommaso si riprende.

«Anche un discepolo che ha visto il Signore risorto continua a conoscere l'incredulità sia sotto la forma idolatrica, quella del fare del proprio progetto, della propria perfezione un idolo, in una auto-giustificazione che perverte il rapporto con il suo Signore, sia sotto la forma della tentazione del nulla.»

«Il nulla? Com'è possibile?»

«Tra il tutto e il nulla c'è una linea fragilissima. La vertigine del nulla, del buio è forse la tentazione più grande del discepolo che ha acquisito una certa maturità, che ha fatto della fede l'orizzonte della sua vita. Si, in una vita di fede e di preghiera, di lotta contro l'idolatria e la pandemia, è possibile essere tentati dal fascino del nulla... Non credere più a niente, non aderire più a nessuno e sentire, affermare la nullità delle cose. Anche un apostolo che ha visto il Signore risorto e che procede a un progressivo spogliamento, può andare a fondo, anzi prima o poi va a fondo. E può affondare nell'oceano del nulla: niente, niente, neppure Dio!»

«E' la tentazione dei miei contemporanei davanti allo sfilare dei camion militari che trasportano le bare dei morti in questo tempo di pandemia. Uomini morti nella solitudine, senza neppure il conforto dei parenti, che senso ha la vita dell'uomo? Pensavo, però, che la tua vita, Tommaso, dopo aver incontrato e toccato il Signore risorto, fosse solo luce senza ombre. Che la tua incredulità fosse diventata solo fede pura. Le tue parole mi consolano. Avevo bisogno di sentirle dalla tua bocca. Quante volte anch'io, pur avendo incontrato il Signore risorto, debbo gridare dentro di me: "O notte, diventa luce!"»

«Si, fratello mio, nella distanza che lo separa da Dio e che gli appare intollerabile, l'uomo cede all'eterna tentazione della prossimità e si fabbrica l'idolo di Dio. L'idolo è un dio assente, è un dio privo di Dio, un dio a portata di mano e a portata di bocca, e l'idolatria è sempre sostituzione del Dio altro e veritiero con il dio facile e rassicurante. Anche in un tempo di sofferenza, di paura, di peste, di pandemia, siamo tentati di ricorrere a un dio rassicurante.»

«So troppo bene che il credente può creare degli idoli come il non credente e sentirli addirittura più sacri del non credente, e qui dunque sta la sua non adesione, non fiducia nel suo Dio vivo e vero.»

Tommaso rimane in silenzio guardandomi fisso negli occhi. Indovina gli scenari che passano nella mia mente. Poi riprende.

«Quando il Nome o l'immagine di Dio sono usati invano o sono addirittura manipolati e pervertiti, quando la legge è avulsa dalla misericordia, quando si divinizza l'opera dell'uomo, quando il Dio della vita diventa il complice dell'oppressione e della violenza, allora Dio non è là dove ci sono credenti che si rifanno a lui. Dio è altrove...»

«Dio è altrove... dici bene Tommaso, ma spesso il credente c'è, ma è Dio che non si fa trovare. Il Signore al quale vorrebbe restare legato si ritrae, nasconde il suo volto, si fa muto, si avvolge di tenebra. Al posto della fede c'è allora turbamento e confusione nel credente, e c'è assenza di Dio invece di presenza, mutismo invece di parola, e silenzio di Dio.»

«Questo è un mistero che noi non possiamo sondare, fratello. E' vero che ci sono uomini e donne che sono discesi fino agli inferi, nelle profondità oscure della notte, ma sono uomini e donne che hanno saputo conservare, come falde sotterranee, la fede.»

«Fratello Tommaso, il mondo dove abito non è molto diverso da Sodoma e Gomorra, e la nostra fede, dono prezioso, non è un sole che crea il giorno, ma una piccola lampada che brilla e palpita nella notte, una fiammella esile che si mantiene solo in forza dell'olio dell'amore di Dio.»

«Hai detto bene, fratello. Solo l'amore di Gesù risuscitato dai morti ha vinto la mia incredulità. C'è voluto un atto d'amore inaudito. Un Dio vivente che ti apre le ferite delle sue mani, che allarga quella breccia aperta nel suo costato e ti chiede di guardare, toccare, frugare... Frugare con le mie sporche e ruvide mani nell'infinito mistero di Dio! Chi avrebbe osato tanto! Noi educati fin da piccoli ad adorare il santo dei santi, l'invisibile, l'intoccabile, l'innominabile... Lui si è lasciato toccare da me, povero peccatore! Quale prova più grande del suo amore poteva darmi?»

«A questa prova d'amore hai risposto anche tu con una grande prova d'amore.»

«La mia prova d'amore non è completa. Per essere fedele all'amore di Gesù la mia testimonianza deve passare attraverso la morte. Così come tu stai provando quella specie di morte lenta che chiami chemioterapia o pandemia. Anche tu e i tuoi contemporanei, nell'isolamento più totale, dovete dare una prova d'amore in questi tempi difficili.»

Con queste parole ho capito che il nostro incontro volge al termine. Tommaso è stanco. Ripercorrere la sua avventura con Gesù non è stato facile. Ha scavato profondamente dentro di sé, anche negli angoli più remoti. Ha messo a nudo la sua umanità, ma è apparsa tutta la verità del credente. Mi abbraccia piangendo. E' l'abbraccio di un fratello, di un amico, di un grande apostolo. Mi colpisce la sua fede, ma sa riconoscere e capire i dubbi e le oscurità che attraversano la vita di ogni credente, di tutti i tempi. Non mi ero sbagliato nel riporre in lui la mia simpatia. Ci separano secoli e millenni, ma tra noi due c'è vera sintonia. Valeva la pena fare questo lungo viaggio per incontrarlo. Tommaso abbraccia in modo particolare Maria di Magdala. Quante cose si dicono in quel lungo silenzio. Due vite toccate e cambiate dalla luce del risorto!

Prima di partire mi dà un'ultima raccomandazione.

«Stai attento, mi dice, questi son tempi difficili. Gesù ha predetto che di Gerusalemme non rimarrà pietra su pietra. Ho paura che questa profezia stia per avverarsi.»

CLEOPA

Tommaso aveva ragione. Apparentemente tutto sembrava calmo. Tuttavia il fuoco covava sotto la cenere, ed era un fuoco nazionalistico-religioso. Fin da quando fu compiuto il primo censimento della regione, che doveva fornire la base amministrativa al nuovo governo romano, avvennero gravissimi disordini per opera specialmente di Giuda il Galileo: questi insorti si opponevano al censimento sia per una ragione politica, perché la loro nazione doveva godere di un'assoluta indipendenza, sia per una ragione religiosa, perché la nazione sacra del Dio Jahvé non riconosceva padroni mortali dopo Dio, mentre il censimento eseguito dai Romani dimostrava la sudditanza a questi pagani. Per allora la sollevazione di Giuda il Galileo fu domata a viva forza dai Romani, Giuda finì ucciso e i suoi seguaci si dispersero; ma la vittoria fu solo superficiale, perché il fuoco della rivolta seguitò a bruciare, nascostamente o apertamente, per più d'un secolo fino ad Adriano. La massima parte degli insorti seguiva la corrente dei Farisei, che insisteva sulla minuziosa osservanza della Legge ebraica, a differenza della corrente dei Sadducei ch'era di tipo liberale; ma dopo il fallimento dell'insurrezione i debellati non abbandonarono la partita, bensì costituirono in seno al Fariseismo un nuovo raggruppamento che mirava soprattutto all'azione: fu il raggruppamento degli Zeloti, ossia zelatori pratici, attivi, della causa religioso-nazionalista. A quale scopo proclamare vasti programmi d'integrità nazionale e di purità religiosa, se tutto poi si esauriva in discussioni astratte e si piegava il dorso a pagani stranieri?

Questo stato di cose si prolungava da molto, e si può immaginare quali fossero le condizioni della Giudea in quel tempo. Si aggiunga che i procuratori romani che governarono negli ultimi tempi furono sempre più indegni del loro ufficio: salvo un paio di onorevoli eccezioni, essi assumevano la carica col proposito di tiranneggiare ed arricchirsi. D'altra parte, fra le plebi si diffondevano continuamente idee messianiche crasse e materialistiche, che rendevano ansiosa l'aspettativa di una redenzione di tipo politico: il Messia, già annunziato dagli antichi profeti ebrei, non poteva più tardare in mezzo a quel cumulo di calamità che si erano aggravate sulla nazione eletta. Il grande Promesso sarebbe apparso proprio allora, mentre la nazione si trovava nel baratro delle sue umiliazioni, e l'avrebbe risollevata sbaragliando i nemici di lei e collocandola al vertice di tutte le stirpi umane. Ecco il sogno radioso contemplato in quegli anni dagli Zeloti, i quali con tutto l'animo si sforzavano per farlo diventare realtà.

Questo sfondo era da vera tragedia storica. Caparbietà e rapacità da parte dei governanti Romani: esaltazione visionaria e anche parossistica da parte delle plebi; bastava un'occasione che facesse sprizzare la scintilla fatale e producesse lo scoppio di questa polveriera.

In questo clima non fu facile per me e per Maria superare le guarnigioni romane che occupavano il territorio. Ancora più difficile fu attraversare la città di Gerusalemme. I controlli erano severissimi da una parte e dall’altra. C’era un unico modo che funzionava sia con i Romani che con i Giudei: il denaro. Fu questo lo stratagemma che usai per introdurmi in un varco segreto. La situazione della città era cambiata moltissimo. Dappertutto c’era una grande agitazione. Tutti erano armati e sospettosi. Dovetti sborsare altro denaro per arrivare a casa di Cleopa. Bussai alla porta. Non rispose nessuno. Bussai altre due volte. Finalmente si aprì una finestrella al piano superiore.

«Chi è?»

«Sono Maria. Ti porto notizie di Tommaso.» Dopo un po' si aprì la porta. Cleopa riconobbe Maria, la salutò calorosamente e ci fece entrare. Sul suo volto traspariva la meraviglia di vederci a Gerusalemme in un momento così critico. Nei suoi occhi sembravano addensarsi nuvole minacciose.

«Che notizie mi portate di Tommaso?», chiese subito.

«Nonostante l'età e i pericoli vuole partire per un paese lontano: l'India. Il Cristo risorto ha cambiato la sua vita. Lui, l'incredulo, vuole portare la buona notizia anche in questi paesi lontani.»

«Non mi meraviglia. Quell'esperienza ha cambiato la nostra vita. Non è vero Maria?»

«La nostra vita non è più quella di prima. Chi ha incontrato Cristo non può rimanere lo stesso. Ma che succede qui a Gerusalemme?»

«Succedono cose terribili. Gli avvenimenti precipitano di giorno in giorno e hanno preso chiaramente una brutta piega. Fra il partito sadduceo-aristocratico avverso alla guerra, e quello degli Zeloti fautori di essa, la scissione si allarga sempre più; coloro che crescono in potenza sono naturalmente gli Zeloti, i quali accusano i capi del partito opposto come responsabili della situazione attuale. Molti cittadini, quelli che hanno potuto, si sono dati alla fuga. Dentro la città sono rimasti padroni assoluti gli Zeloti.»

«Mi stai parlando di cose terribili, Cleopa.»

«Gesù l'aveva predetto: "Figlie di Gerusalemme, non piangete su di me, ma piangete su voi stesse e sui vostri figli. Ecco verranno giorni nei quali si dirà: beate le sterili e i grembi che non hanno generato e le mammelle che non hanno allattato"»

«E' questo il tempo di piangere su noi stessi e sui nostri figli.»

«Forse le lacrime non basteranno», aggiunge Cleopa asciugandosi il viso.

«E adesso?»

«Adesso dentro la città c'è la desolazione. Fuori Vespasiano sta restringendo il cerchio dentro cui chiudere Gerusalemme, e lascia nei vari posti distaccamenti delle sue truppe. Tra non molto la città sarà circondata da una catena di posti fortificati romani.»

Nel viso di Maria cade un velo di tristezza. Nei suoi occhi umidi di lacrime si legge la tragedia di un popolo.

«Non basteranno le lacrime, dice. A Gerusalemme scorrerà molto sangue.»

Restammo in silenzio. Davanti alla tragica fatalità che incombeva su un intero popolo, non c'erano parole. Riprendendosi Maria, mi prende la mano e me la stringe.

«Hai ancora una missione da compiere, Cleopa.»

«Quale missione?», chiede sorpreso.

«C'è qui un fratello che viene da lontano. Dice di aver incontrato il Signore risorto e vuole trovare gli altri fratelli che l'hanno visto dopo la morte.»

«Benvenuto, fratello, mi dice. Devi essere un incosciente ad avventurarti in una città come questa dove si uccide senza guardare in faccia nessuno. Da dove vieni?»

«Da un paese e da un tempo lontano. Anche la mia terra vive un incubo spaventoso davanti a un nemico invisibile.»

Cleopa non capisce ma mi guarda di nuovo con occhi curiosi e sospettosi. Mi fa sedere ad un tavolo dove ci sono i resti di una magra cena. Mi offre da bere poi, sorseggiando una bevanda calda, comincia a raccontare.

«Sono giorni terribili per tutti, dice. Non avrei mai immaginato di vivere questi tempi. Forse è la fine del mondo annunciata da Gesù. Ci sono dei segni spaventosi. Dentro Gerusalemme la situazione è di grande desolazione. Adesso domina Giovanni di Ghischala con gli Zeloti, suoi partigiani: per costoro lo stato di guerra è incentivo ad ogni sregolatezza perché entrando nelle case private depredano, uccidono, violentano donne.»

«Ti capisco, Cleopa. Sono giorni di grande violenza e disorientamento. Mi rendo conto che la situazione è estremamente tragica. Ma non sono venuto qui per vedere o sentire fatti di sangue. Purtroppo i miei occhi hanno già visto troppo sangue in passato e ancora oggi, attorno a me, vedo solo gente impaurita. Ho lasciato un paese che, a causa di un virus, ha perso le sue sicurezze, ha perso la speranza. Sono venuto fin qui per sentire parlare te e l'altro discepolo dell'incontro con Gesù risorto sulla strada per Emmaus.»

«L'altro discepolo... », fece Cleopa sorpreso.

«Si, quello che camminava con te e di cui io non conosco il nome.»

«Quello è morto, disse con tristezza Cleopa. Era uno zelota come me. Volevamo liberare la nostra patria dal giogo straniero. E' stato ucciso dagli zeloti stessi perché difendeva poveri innocenti che non c'entravano niente con la guerra.»

«Strano...», mi viene da dire.

«Strano, perché?»

«Perché anch'io ho avuto un compagno, Jacques Ntamitalizo, un sacerdote Ruandese dell'etnia Hutu che è stato ucciso dagli stessi Hutu perché difendeva Tutsi innocenti che non c'entravano niente con i massacri che si commettevano in quel paese.»

«Si, l'odio indurisce il cuore e offusca la mente. E' quello che sta succedendo qui a Gerusalemme.»

«Sono trascorsi molti anni, Cleopa, ma certamente non hai dimenticato quell'incontro con Gesù sulla strada di Emmaus. Anche tu avevi perso le tue sicurezze. Il virus della disperazione si era insinuato nella tua vita. »

«Come potrei dimenticare? Facevo parte anch'io del partito degli zeloti. Ora mi vergogno del loro operato. Ma allora eravamo tutti giovani. Parlavamo della nostra terra che amiamo e che è stata sempre soggetta a dominazioni straniere. Come si può sopportare che la tua dignità sia umiliata, calpestata? Noi siamo gente che abbiamo conosciuto in tutti i tempi l'esilio, la deportazione, l'umiliazione. Il nostro sogno era un nuovo re Davide, un nuovo regno d'Israele, un popolo finalmente fiero della sua libertà e della sua dignità. Questi erano i nostri discorsi e i nostri sogni. Poi abbiamo incontrato Gesù... Parlava di libertà, di dignità, di un nuovo regno di Dio. Io e l'altro compagno l'abbiamo seguito. Non solo era un profeta, ma era il nuovo messia atteso. Siamo rimasti affascinati. Le folle lo seguivano con entusiasmo. Volevano farlo re e noi eravamo entusiasti: finalmente un nuovo Davide! Faceva dei segni meravigliosi. E' stato esaltante unirci alla folla di Gerusalemme che gridava: "Osanna al figlio di Davide!". Era l'uomo dei nostri sogni che si avveravano. Ma tu non puoi capire tutto questo...»

«Ma certo che capisco, Cleopa. In Africa ho visto uomini, donne, bambini morire di fame. Persone spogliate della loro dignità. Ero giovane come te, e come te ho sognato un mondo, una società più giusta. Come te sono stato tentato di risolvere questi problemi con la lotta politica e armata. Durante i miei anni di teologia andavo nei quartieri poveri di Bruxelles, in mezzo agli emigrati. Per me quello era un popolo da liberare dalla schiavitù. I miei fratelli lontani dalla loro terra, privati degli affetti più cari, sradicati dalle loro tradizioni, costretti a lavorare nelle miniere di carbone. Alcuni non reggevano a questa brutale frattura e finivano nei manicomi. Insieme ai miei amici parlavamo notti intere di libertà, di dignità, di lotta contro lo sfruttamento capitalista. Volevamo cambiare il mondo.»

Cleopa mi guarda sempre più in modo strano. Poi riprende.

«Poi, tutto è finito tragicamente. Quella folla che lo aveva acclamato, poco dopo lo ha rigettato e condannato. Gesù è morto in croce... e con lui si sono spenti i nostri sogni e le nostre speranze. Quei giorni sono stati i giorni più tristi della nostra vita. Improvvisamente tutto era crollato.»

«Cosa è successo dopo?»

«Alcune donne son venute a dirci di aver visto Gesù vivo, risorto dai morti. Con loro c'era anche Maria. Ti ricordi Maria?» Maria quando sente pronunciare il suo nome china il capo.

«Come posso dimenticare?»

«Non ci abbiamo creduto. Era qualcosa di umanamente impossibile. Per noi erano racconti di persone esaltate. Era duro ammetterlo, ma ormai tutto era finito. Per noi quelle donne vaneggiavano.»

«E i discepoli di Gesù?»

«Il gruppo si era rotto. Con l'assenza del Maestro, niente aveva più senso. Pietro era già tornato a casa sua. Noi tornavamo al nostro paese, a Emmaus. Tutto ricominciava come prima, come se non fosse successo niente, anzi con una delusione in più. Il sogno era svanito. La delusione e l'amarezza schiacciavano la nostra vita come un macigno enorme. Lasciandoci alle spalle Gerusalemme, camminavamo tristi parlando di queste cose, quando uno straniero...»

«Uno straniero?», interrompo sorpreso.

«Si, uno straniero, che c'è?». Cleopa non può capire. Io ripenso immediatamente a quello straniero incontrato a Stazione Termini. Ripenso anche a quei sentimenti di tristezza e di delusione che provavo in quei momenti. Cleopa, dopo avermi guardato con curiosità, continua.

«Parlavamo di lui senza averlo riconosciuto. I nostri occhi erano annebbiati. Gli avvenimenti successi a Gerusalemme rimanevano incomprensibili e la fatalità si era, ancora una volta, abbattuta sul nostro popolo.»

«Ricordi il suo volto?»

«No, a dire il vero non lo ricordo. Guardavo per terra e ascoltavo. Vedevo i suoi piedi e meditavo sulle parole che diceva. Ma perché mi fai queste domande?»

«Niente, Cleopa, continua.»

«Ma quello straniero, riprende Cleopa, che ci aveva ascoltati per un bel pezzo di strada, rivelava un'ignoranza completa di quello che era accaduto a Gerusalemme in quei giorni. Questo ci sorprese moltissimo. In tutta Gerusalemme non si parlava d'altro che di quanto era accaduto in quei giorni. Abbiamo dovuto parlargli di Gesù e raccontargli nei minimi dettagli gli avvenimenti tragici della sua fine.»

«E lui, come ha reagito?»

«Ci ascoltava, ci poneva delle domande che ci costringevano ad andare a fondo. Non sapeva, ma ci dava l'impressione di saperne più di noi.»

Cleopa si fermò. Stette in silenzio per un lungo momento. Riprese a sorseggiare la sua bevanda calda.

«Poi, io gli dissi con molta amarezza: "Noi speravamo che fosse lui a liberare Israele!" Non potevo più nascondere la mia delusione. Tutti i profeti ci avevano presentato il messia come il liberatore d'Israele, un nuovo Mosè! Zaccaria aveva cantato la liberazione d'Israele. Gesù stesso aveva annunciato la liberazione vicina. Ci stavamo preparando a celebrare, finalmente, la liberazione del nostro popolo. La delusione era immensa, mi scoppiava il cuore dentro. In lui avevo riposto tutta la mia speranza, e questa speranza era morta con lui ai piedi della croce.»

Prese un altro sorso e continuò.

«Sembrava aver capito e di condividere la nostra stessa delusione, quando cominciò a parlare. "Stolti, ci disse, e tardi di cuore nel credere alla parola dei profeti". "Stolti", ci chiamò "stolti". In altre circostanze questa parola sarebbe suonata come un insulto. Invece, in quel momento, era la parola giusta. Eravamo sbalorditi di come rileggeva le scritture e dell'interpretazione che ne dava. Ci dava un'altra chiave di lettura. Gettava una luce nuova sulla storia d'Israele e sulla nostra storia personale. Anche la parola "liberazione" prendeva una profondità che noi non avevamo mai immaginato. Per noi "liberazione" voleva dire lotta agli invasori, resistenza armata, il potere nelle nostre mani, eliminare i nemici dalla faccia della terra. Invece Dio aveva scelto una via umanamente impensabile per liberare il nostro popolo e l'umanità: la sofferenza e la morte. Anche se Gesù durante la sua vita terrena aveva parlato di questo, adesso queste parole avevano una luce e un peso diverso. Ascoltavamo le sue parole con il cuore gonfio di gioia. Le scritture, adesso, ci parlavano di lui. Gesù non era più nella tomba, segno di un passato chiuso per sempre. Gesù era nelle scritture portatrici di futuro. Ascoltandolo ci sembrava che sorgesse dalle scritture e che risuscitasse dal Libro dove era rimasto nascosto. Quel libro, per noi, era rimasto sigillato. Lui ci aveva dato la chiave per aprirlo. Ma ancora non avevamo capito chi era quello strano compagno di viaggio. Se ne stava andando quando...»

«Quando... che è successo?»

«A quel punto siamo noi che l'abbiamo supplicato di restare. Eravamo sedotti dalla sua parola. Volevamo trattenerlo a tutti i costi per continuare ad ascoltarlo, magari per tutta la notte. Gli abbiamo detto che era tardi, e che non poteva lasciarci così senza mangiare qualcosa insieme.»

«Ha accettato?»

«Sì, per nostra grande gioia, ha accettato. Siamo entrati in una locanda, abbiamo ordinato da mangiare. Ci portano il pasto. Il nostro compagno non parla più. Ci ha già detto le parole essenziali. Prende il pane, lo benedice, lo spezza e ce lo dà. Gli stessi gesti della Cena e della moltiplicazione dei pani.»

Cleopa, a questo punto, non riesce più ad andare avanti. L'emozione è troppo forte. Le parole non riescono più ad uscire dalla sua bocca. Gli offro un altro bicchiere di bevanda calda e lo incoraggio a continuare.

«Coraggio, fratello Cleopa», gli dico stringendogli la mano. Dopo una lunga pausa, Cleopa riprende.

«A quel punto, dopo la frazione del pane, i nostri occhi si sono aperti e l'abbiamo riconosciuto: era Gesù! Gesù nel pane spezzato...Gesù risorto nei nostri cuori.»

«Gesù, vivo e risorto?»

«Sì, Gesù risorto era sparito dai nostri occhi, ma era vivo nel pane spezzato. La sua morte ha veramente liberato gli uomini dando il pane della vita eterna. E' la vera "liberazione" che io e l'altro compagno non avevamo ancora capito. Adesso la liberazione la sentivamo dentro. Era quel pane che avevamo mangiato con lui. Il suo corpo non era più nella tomba ma nel nostro cuore. E' risorto e presente oggi per mezzo di questo pane che è il suo corpo vivente e glorioso, consegnato agli uomini di tutti i tempi. Lui è la vera liberazione!»

«Cleopa, fratello mio, son queste le parole che io volevo sentire da te. Io vengo da un paese lontano e da un tempo lontano, ma ho vissuto lo stesso incontro che hai vissuto tu e l'altro tuo amico. Mi sembra una cosa talmente incredibile che ho voluto incontrare i testimoni, quelli che hanno incontrato Gesù risorto.»

«Anche a noi tutto sembrava incredibile... eppure, l'incredibile è accaduto!»

«Anche duemila anni dopo?»

«Cosa sono duemila anni per Dio? Mille anni sono come il giorno di ieri che è passato. Noi l'abbiamo incontrato il giorno dopo il sabato. Il sabato del silenzio di Dio.»

«Il sabato della tomba vuota, della morte di Dio, come dicono molti miei contemporanei. Mentre noi parliamo di morte e di disperazione, la vita e la speranza cammina con noi.»

«Il sabato delle speranze spente, aspirate dal vuoto. Il sabato dei sogni di "liberazione" falliti?»

«Sì, era proprio quel sabato, e i miei occhi erano tristi come i vostri.»

«E allora? Racconta». Provai, come sempre, molto imbarazzo a parlare di cose personali tenute gelosamente nascoste per molto tempo. Ma Cleopa era stato molto sincero con me, per cui decisi anch'io di aprire il mio cuore.

«Era una sera d'estate del 1973. Mi trovavo a Roma, al centro di Stazione Termini. Andavo al mio paese per essere ordinato sacerdote, ma ero triste. Nonostante la mia giovane età, in Africa avevo visto tragedie terribili che non riuscivo a dimenticare. Cristiani Hutu che massacravano cristiani Tutsi. Donne umiliate, maltrattate, denudate di ogni dignità e rispetto. Bambini che morivano di fame o per mancanza di cure. Anche in Belgio, molti sardi emigrati e gente che veniva dal sud vivevano in condizioni di miseria che umiliavano la persona. Mi chiedevo se l'ordinazione sacerdotale non era un modo per allontanarmi da questo mondo e sfuggire alle mie responsabilità verso i poveri. Mi chiedevo se un'azione politica attiva non era un modo più adatto per far sentire la mia solidarietà ai miei fratelli che avevo incontrato in diverse parti del mondo. A qualche giorno dalla mia ordinazione, mi dibattevo ancora con questi dubbi e queste inquietudini.»

«Sono sentimenti che conosco molto bene, mi disse Cleopa. Ma cosa è accaduto dopo?»

«Mi chiedo ancora se non sto fantasticando, Cleopa. Il fatto mi sembra incredibilmente simile a quello che è successo a te. Mentre camminavo stancamente nella Stazione Termini con una grossa valigia in mano, senza una meta precisa ma con la disperazione nel cuore, un uomo mi si avvicina e mi saluta chiamandomi "amico". Mi fermo e rispondo al saluto. Mi chiede cosa faccio. Volendomi subito liberare di quell'intruso gli rispondo che studio psicologia all'università di Louvain. Pensavo che quell'incontro casuale finisse lì. Invece no. Ha sorriso, e poi, come se mi leggesse dentro, ha cominciato a parlarmi dell'amore del "Padre". Non so dirti per quanto tempo abbia parlato. Il tempo non esisteva più. Il mio cuore ha ricominciato a vivere, a battere. Mi bruciava dentro. Come uno che ritrova il suo primo amore. Gli chiedo se è un prete, un religioso. Mi risponde di no, ma che vive con loro. A questo punto gli pongo la domanda in modo più esplicito: "Chi sei?". La risposta fu: "Sono uno straniero perseguitato". Il mistero avvolgeva quell'uomo, per questo volevo trattenerlo ancora a tutti i costi. Lo invitai a prendere una birra. Mi rispose semplicemente: "Vado nell'Eucaristia". Così, queste furono le sue ultime parole. Non l'ho più visto. Sono rimasto a lungo immobile, chiedendomi cosa mi era successo. Lentamente mi dirigo per prendere il treno per Civitavecchia. Sono andato subito a sdraiarmi nella cuccetta. Immediatamente, ripensando a quell'incontro, una certezza ha preso corpo in me: “Quell’uomo era Gesù, vivo e risorto!”. Non poteva essere diversamente. Sembrava che mi conoscesse da sempre, e che mi conoscesse ancor meglio di me stesso. Mi aveva detto le parole che erano scese nel più segreto e nel più intimo di me stesso. Era “perseguitato” e andava “nell’Eucaristia”. Era come un appuntamento per incontrarlo di nuovo e riconoscerlo ogni volta.»

«E’ vero, fratello, a noi sembra che tra questi due avvenimenti sia passato tanto tempo. A te quello che è successo a me sembra un passato remoto e dimenticato. A me quello che è successo a te sembra un futuro irraggiungibile. Non è affatto così. Gesù ha dato a me e a te la chiave per leggere la storia, e questa chiave non ha tempo. La morte è scritta nel tempo ma la risurrezione appartiene al tempo che non ha più tempo. E’ un nuovo inizio che ha deciso il futuro più remoto. E’ l’inizio che è già cominciato. E ciò che è così cominciato è qui che si sta compiendo.»

«Gli uomini sono impazienti, gli dico. Persino sacerdoti e persone molto religiose perdono la pazienza verso questo Dio che sembra arrivare sempre troppo tardi sulle macerie della storia. Si chiedono se tutto questo durerà a lungo. Perché Dio non interviene subito per guarire questa umanità malata, per eliminare un virus che colpisce indistintamente buoni e cattivi?»

«Anch’io ero impaziente e intollerante, e volevo risolvere i problemi con la lotta armata. Avrei tagliato qualche testa, ma cosa avrei risolto? Vedi cosa sta succedendo a Gerusalemme? I miei compagni zeloti si stanno ammazzando tra di loro, e poi i Romani ammazzeranno tutti. Anche i potenti romani, quelli che comandano il mondo adesso, prima o dopo lasceranno il posto ad altri e conosceranno il gusto amaro dell’umiliazione. La risurrezione, fratello, dura millenni, perché ha bisogno almeno di questo breve attimo per permettere ad una pienezza incalcolabile della realtà e della storia di aprirsi a forza una strada attraverso il dolore di una immensa trasformazione. E' questa la chiave della storia. Tutto è in movimento. C' è una storia sotterranea, come una corrente calda nel cuore della terra, che segue una traiettoria orientata verso una meta, e non è un eterno ritorno delle medesime cose sotto il sole.»

«E' vero ciò che tu dici. Ma come dirlo ai miei fratelli che non vedono oltre l'orizzonte della morte e riescono appena a leggere gli avvenimenti che accadono giorno per giorno, e perciò hanno il cuore triste e disperato? Non sanno dove si dirige questo movimento della natura, della storia e dello spirito. Non sanno neppure quando finirà questa pandemia. Per loro tutto corre, precipita irrimediabilmente verso un abisso, incontro all'assurdo e al nulla.»

«Noi abbiamo ricevuto un grande dono, fratello, è la fede. Questa è la chiave che apre il mistero della vita e della storia. E la fede ha un nome: Gesù risorto dai morti, che tu ed io abbiamo incontrato vivo. In lui il futuro definitivo è già iniziato. La trasfigurazione del mondo non è un ideale, né un postulato, ma una realtà. La storia dell'umanità ha già raggiunto il termine. Questo termine, che è l'inizio del compimento di tutte le cose, è già avvenuto e si è manifestato all'umanità peregrinante ancora nella storia, come la testa della carovana che ha toccato la meta e annuncia con grida di giubilo a quelli che stanno ancora in cammino: siamo arrivati, abbiamo raggiunto la meta ed è così come l'avevamo sperata! Il luogo, l'uomo, dove è comparso questo inizio della fine completa si chiama Gesù di Nazaret, crocifisso e risorto. Il suo sepolcro è vuoto e lui, che era morto si è mostrato a me, a te, a noi come il Vivente nella pienezza umana e divina.»

Cleopa si affaccia alla finestra. Si vedono bagliori di fiamme. Gerusalemme da qualche parte brucia. Ha tristi presentimenti che non riesce a nascondere. Dopo un lungo silenzio, con un profondo sospiro, riprende.

«E' vero che è ancora tutto in cammino, ma verso una meta che non è semplice utopia, bensì una realtà già esistente. Noi ci rifugiamo volentieri là dove non bisogna decidere inequivocabilmente. E ciò è spiegabile perché siamo ancora in una condizione in cui tutto – senso e non senso, luce e tenebre, morte e vita – è mescolato, tutto è incompleto ed a metà.»

«È proprio vero, Cleofa. La vita dell'uomo è come un fiore: la mattina fiorisce, la sera appassisce. La percezione che abbiamo è proprio quella di essere un soffio, per cui la nostra vita, anche se prolungata, in realtà poi diventa fatica, dolore e passa molto, molto presto. E' bastato un virus, un minuscolo virus, per far saltare quel senso di onnipotenza che avevamo acquisito con la scienza e la tecnica. D'improvviso riappare il mistero della vita e della morte. Tocchiamo con mano i nostri limiti. Siamo esseri fragili e vulnerabili, ma amati da Dio. Il limite dell'esistenza è un decreto di Dio, misterioso ma più positivo: dentro la morte c'è anche una grande grazia. Non è facile da intuire e non è facile da accettare, ma certamente è così. Se non altro, c'è la grazia della nostra dignità, perché la morte ci fa veramente individui irripetibili, persone che devono rendere conto della propria unicità, responsabili di ciò nella maniera più radicale. In effetti per l'uomo sarebbe una maledizione non morire, come per una spiga non giungere a maturazione e non essere mietuta. E' una maledizione non diventare pane per gli altri.»

Mentre mi ascolta Cleofa si affaccia continuamente alla finestra. Anch'io mi avvicino per vedere cosa succede. In lontananza si vedono colonne di fumo. Gerusalemme brucia avvolta da un rosso bagliore. Mi viene quasi spontaneo chiedere: «Nonostante quello che vediamo e sta accadendo sotto i nostri occhi, come credere alla Gerusalemme celeste?»

«La meta deve essere, anche in mezzo alle tenebre del momento presente, di una chiarezza assoluta. Mentre la città brucia, mentre da voi la pandemia miete vittime, davanti a noi ai nostri occhi deve rimanere la Gerusalemme celeste: quella è la vera patria per tutti. In cammino verso di essa la realtà ci costringe, volenti o nolenti, ad una risposta inequivocabile che diamo con la nostra vita. Ad ogni istante ci viene chiesto: "Morte o vita? Senso pieno o non-senso? Ideali nebulosi senza alcun impegno o realtà positive? Questo è un tempo di prova, il tempo delle scelte. Il tempo di scegliere che cosa conta e che cosa passa, di separare ciò che è necessario di ciò che non lo è.»

«Non è facile quando siamo in piena emergenza, preoccupati quasi esclusivamente dell'ossigeno e del pane che ci manca, ma sono queste le domande che gli uomini del mio tempo, anche se inconsciamente, si pongono. In fondo ci chiediamo: come reimpostare la nostra vita?»

«Sono le domande di tutti gli uomini e di tutti i tempi. Credere che Cristo è risorto ed è vivo nella storia del mondo, comporta decidersi chiaramente per il senso pieno e per la vita eterna come realtà già presente. Mentre Gerusalemme brucia sta già nascendo la nuova Gerusalemme.»

Guardiamo insieme dalla finestra. Il cielo è oscurato dal fumo nero che copre la città. Non si vede una stella.

«Anche quando i segni di morte sembrano oscurare totalmente ogni speranza?», gli chiedo.

«Si, con la sua risurrezione Gesù ha sconfitto la morte. Se non fosse stata aperta questa breccia di luce e di vita nella morte non ci sarebbe alcuna via d'uscita, l'illusione avrebbe avuto il sopravvento e nel nostro cuore non ci sarebbe più posto che per la disperazione. E' ciò che provavo quella notte ritornando ad Emmaus. Ma Gesù ha legato per sempre il suo destino al nostro. I nostri destini sono uniti per sempre: sono incorporati a Cristo risorto. Anche noi risusciteremo il terzo giorno. Il terzo giorno! Sembra così lontano, interminabile.

E' l'alba che segue la notte del dolore, dell'oscurità, della morte. Certo, è una notte che sembra non finire mai. Solo la fede ci fa scorgere le prime luci dell'alba. Gesù è stato così buono con me e con te che ci ha già fatto vedere queste luci dell'alba. Di questo siamo chiamati ad essere testimoni.»

Avrei continuato ancora a parlare con Cleopa in quelle ore angosciose che stava vivendo la città. Ma non volevo abusare della sua ospitalità. Erano giorni terribili.

Lo ringraziai del tempo che mi aveva dedicato ma, soprattutto, della bella testimonianza del suo incontro con Gesù risorto. Maria si avvicina e ci stringiamo tutti e tre insieme. Preghiamo in silenzio. Abbiamo vissuto la stessa esperienza. Mi chiedo con quali parole e con quali gesti testimoniarlo ai miei contemporanei.

Faccio per andarmene, ma Cleopa mi trattiene.

«Dove andate? Fermatevi qui. Restate con me. Avete visto quelle colonne di fumo? Non potete uscire. C'è il coprifuoco. E' da pazzi andare in giro con tutto quello che sta succedendo in città. Domani vedremo.»

Accettiamo di passare la notte in casa di Cleopa. L'indomani mattina siamo svegliati da forti e ripetuti colpi alla porta. E' un parente di Cleopa visibilmente agitato e nervoso. Si chiama Elia. Si siede per riprendere fiato. Dal suo discorso concitato capisco che non porta buone notizie. Si alza, poi si siede di nuovo e si asciuga continuamente il sudore. Parla nervosamente senza guardare in faccia nessuno, come un fiume in piena.

«Cleopa, dice, gli avvenimenti stanno precipitando. E' la profezia di Gesù che si sta avverando: «Quando vedrete Gerusalemme circondata da eserciti, allora sappiate che la sua devastazione è vicina.»

Elia è visibilmente agitato. Io sono molto preoccupato. Mi trovo a Gerusalemme assediata. Non so cosa mi aspetta.

«Ci affidiamo al Signore», disse Cleopa.

«Siamo pronti anche a morire», gli dissi. Cleopa ed Elia mi guardarono seriamente.

«No, riprese Cleopa, tu hai un'altra missione da compiere.»

«Quale?»

«Annunciare ai fratelli del tuo tempo di aver incontrato Gesù risorto. E' l'unica speranza che hanno in questi tempi di angoscia che stanno attraversando. Noi questa missione l'abbiamo già compiuta. Adesso tocca a te. Ma prima devi incontrare ad ogni costo Giovanni. Lui, il discepolo prediletto, più di ogni altro ti può aiutare a capire il cuore di Gesù. Mando qualcuno a chiamarlo.»

Così siamo rimasti in casa di Cleopa aspettando gli avvenimenti. E gli avvenimenti precipitavano sempre più tragicamente.

GIOVANNI

il prediletto

Ero fuggito da un mondo in quarantena a causa di un virus che terrorizza il mondo occidentale, e mi ritrovo in quarantena a Gerusalemme. La casa di Cleopa era proprio al centro della città, ed era sicura e ben protetta. Erano venute altre persone a rifugiarsi. Trascorrevamo il tempo pregando e ricordando tutto ciò che aveva detto e fatto Gesù. Le profezie su Gerusalemme suonavano tragicamente vere in quelle circostanze. Riguardavano la situazione storica del momento ma io le applicavo alla situazione del mio paese e della mia gente chiusa in casa assediata da un nemico invisibile.

Cleopa prese un rotolo di papiro e lesse la profezia di Ezechiele: "Questa è Gerusalemme! Io l'avevo collocata in mezzo alle genti e circondata di paesi stranieri. Essa si è ribellata con empietà alle mie leggi più delle genti e ai miei statuti più dei paesi che la circondano: hanno disprezzato i miei decreti e non han camminato secondo i miei comandamenti... Com'è vero ch'io vivo, dice il Signore Dio, poiché tu hai profanato il mio santuario con tutte le tue nefandezze e con tutte le tue cose abominevoli, anch'io raderò tutto, il mio occhio non s'impietosirà, non avrò compassione".

Le lacrime scendevano abbondantemente sul rotolo di papiro. Cleopa, singhiozzando come un bambino, andò ad accovacciarsi in un angolo della stanza coprendosi il viso con le mani. La lettura di questa profezia che si consumava sotto i nostri occhi ci aveva sconvolti tutti. Quelle parole bruciavano dentro di noi come le fiamme che divoravano il tempio. Era la catastrofe massima per l'ebraismo di tutti i tempi. La fine di un popolo e l'inizio della grande diaspora.

A un certo punto si apre la porta. E' Giovanni con l'amico che era andato a cercarlo. Non posso nascondere l'emozione nel trovarmi davanti al discepolo che Gesù amava più di ogni altro. Me lo immaginavo giovane, ma mi trovo davanti a un uomo di una sessantina d'anni. Negli occhi, però, traspare ancora una giovinezza che non conosce il passare del tempo. Maria si precipita per abbracciarlo.

«Giovanni, fratello mio, che bello vederti!»

«Anche per me, Maria. Sono tempi difficili, non siamo più giovani, ma il ricordo del maestro che ci amava e che ci unisce è sempre vivo.»

«Quel ricordo ha segnato la nostra vita, anche se viviamo tempi molto tristi.»

«Gesù l'aveva predetto. Ma come mai sei qui?»

«Ecco, dice, questo fratello viene da lontano per vederti e per parlarti.» Mi avvicino. Giovanni mi abbraccia con forza. Il suo petto contro il mio, sento battere il suo cuore. L'emozione cresce.

«Che c'è fratello?», mi chiede ancora stringendomi a sé.

«Vedi Giovanni, tu hai poggiato il tuo capo sul petto di Gesù, hai sentito battere il suo cuore. Capisci cosa vuol dire per me?»

«Lo capisco, anche per me era una grande emozione. Sentire il suo cuore era sentire il cuore di Dio, così vicino, palpabile. Dio fatto uomo, il mistero di Dio che batte al ritmo di un cuore d'uomo. Solo adesso, ripensandoci, colgo le profondità di quell'amore.»

«Forse per questo, gli altri ti chiamavano "il discepolo prediletto".»

«Gesù amava tutti allo stesso modo, anche Giuda. Non c'erano preferenze, ma c'era chi coglieva più immediatamente e più profondamente questo amore e cercava di rispondervi. Gli altri discepoli avevano già le loro abitudini, i loro schemi mentali consolidati dall'età e dalla tradizione. Io ero giovane. Avevo lasciato mio padre Zebedeo. Giacomo, mio fratello, anche lui aveva seguito Gesù. Essendo il più giovane avevo più bisogno di protezione e di tenerezza. Si, mi guardava con predilezione, perché avevo la vita che si spalancava davanti in cerca di felicità. Volevo una vita piena, senza mezze misure. Avevo tanti sogni che volevo realizzare prima con Giovanni Battista, ma quando ho incontrato Gesù ho capito che lui era l'unico che poteva aiutarmi a realizzare quel grande sogno di felicità che avevo dentro. Gesù guarda con tenerezza chi è ancora capace di sognare.»

Nelle sue parole si coglie ancora l'entusiasmo e la freschezza giovanile.

«Tu, Giovanni, sognavi come tutti i giovani. Ma Gesù, aveva un sogno?», gli chiedo.

«Gesù era un uomo intensamente unificato attorno ad un punto agglutinante. In lui tutto - le energie corporali, psichiche, intellettuali, volitive - appariva come concentrato attorno a qualcosa che attirava verso di sé tutto ciò che egli aveva, e tutto ciò che egli era. Inoltre, avevamo la sensazione che questo qualcosa, questo punto unificante attorno al quale si concentrava tutta la sua persona era un grande sogno, un progetto di vasto respiro, ciò che si potrebbe chiamare una causa. Era questo il motivo di fondo per cui noi avevamo lasciato tutto per seguirlo.»

«Ma cosa vi attirava di più in lui?»

Giovanni si ferma qualche istante per riflettere. Poi, sembra aver raccolto i suoi pensieri e i suoi sentimenti e continua.

«Egli viveva con autentica passione la sua dedizione al sogno che si portava nel cuore. La sua non era un'esistenza vissuta nel qualunquismo o nell'indolenza, era invece un'esistenza vissuta con intensità e slancio incontenibile, irrefrenabile. Naturalmente, ci sono stati anche per lui dei momenti di allentamento, in cui l'intensità del suo entusiasmo conobbe degli abbassamenti di tono. Penso al momento che precede la sua morte, il tradimento di Giuda, la notte passata nell'Orto degli Ulivi nella quale egli sente paura e arriva a sperimentare nausea di tutto. Ma, nonostante questi momenti molto umani che lo rendevano simile a noi, la sua era una vita piena di slancio e di dinamismo.»

«Altri in Israele si erano presentati come "messia" e cercavano di trascinare le folle. Che differenza c'era tra quegli uomini e Gesù di Nazaret?»

«Non sapevamo spiegarcelo neppure noi, ma nei suoi occhi, nelle sue parole c'era un fuoco, e lo diceva chiaramente: "Sono venuto a portare il fuoco sulla terra, e come vorrei che fosse già acceso!". L'immagine del fuoco dice dell'ardore con cui egli perseguiva la causa che aveva abbracciato. E le parole "come vorrei che fosse già acceso" dicono l'incontenibile desiderio della sua realizzazione. Era questo fuoco il motore di tutta la sua instancabile attività. Era da questo fuoco che scaturivano il suo modo di comportarsi, le sue azioni e i suoi discorsi. Per noi tutti era come una calamita, soprattutto per me. Con lui potevo cambiare il mondo e, finalmente, realizzare sulla terra il regno di Dio. Ero giovane, il fuoco ce l'avevo dentro, bastava una scintilla per accenderlo.»

«Il regno di Dio? Se c'è una cosa difficile da capire e da accettare è proprio questa. Cosa poteva significare?»

«Anche per noi è stato difficile da capire e, soprattutto, da accettare, anche se lui ce l'aveva stampato sul volto. Gesù era "l'uomo del regno di Dio". Viveva polarizzato attorno ad esso, totalmente conquistato dal progetto divino che esso rappresentava.»

«Ma tu, Giovanni, tu che hai sentito battere il suo cuore, cosa voleva dire Gesù quando parlava del regno di Dio?»

«Fratello mio, ciò che Gesù intendeva per regno di Dio non coincideva con le nostre attese. Mia madre aveva altre aspirazioni su di me e mio fratello. Come tutte le madri sognava per noi una carriera brillante e perorava un "appoggio" da parte di Gesù. Povera donna! La risposta di Gesù "potete bere il calice?" in quel momento non l'ho capita. L'ho capita solo ai piedi della croce e dopo la sua risurrezione.»

«Per questo è così importante per noi capire come l'abbia inteso lui.»

«Più che parole ci ha dato dei segni.»

«Quali segni?»

«Guarigioni di ciechi, zoppi, sordi, paralitici, esorcismi, perdono per i peccatori. Tutti questi segni avevano l'intenzione di far toccare con mano che la volontà di Dio implicava una restituzione degli uomini alla loro integralità, a una vita piena in tutte le dimensioni, a cominciare da quella corporale.»

«Ma in un mondo competitivo, complesso e conflittuale come quello in cui vivo, "il regno di Dio" suona così strano, lontano. Un'utopia per pochi sognatori. L'uomo vuole costruire il "suo" regno, senza Dio.»

«Anche al tempo di Gesù conflitti e divisioni tracciavano come solchi profondi la società del suo tempo. Conflitti in cui un gruppo forte e in situazione di vantaggio emargina e perfino sfrutta un altro gruppo debole e svantaggiato. Situazioni relazionali che si cristallizzano e acquistano consistenza in strutture di diverso genere: economico, sociale, politico, e perfino religioso. Il modo di reagire di Gesù nei loro confronti era sostanzialmente uniforme: li denunciava smascherandoli, e proponeva il loro superamento tenendo presenti soprattutto quelli o quelle che ne soffrivano più pesantemente le conseguenze: i peccatori, i poveri, le donne. Una cosa era certa: si metteva sempre dalla parte dei perdenti.»

«Forse era questo che ti faceva sognare, Giovanni? Ti capisco. Anch'io sono partito in Africa all'età di 17 anni. IL mio desiderio era quello di salvare quel popolo, di guarire le ferite e le lacerazioni di tanti fratelli e sorelle. Dopo alcuni anni ho toccato con mano la mia impotenza, anzi davanti al tragico spettacolo di una chiesa piena di corpi massacrati e ammucchiati l'uno sull'altro, in Rwanda, ho capito che era un'illusione e che il male era più forte del bene.»

«Anche noi, durante la passione di Gesù, abbiamo avuto la stessa sensazione. Come poteva il Figlio di Dio morire su una croce come un qualunque malfattore? Come poteva l'odio trionfare su colui che aveva avuto solo parole e gesti di amore? Queste domande, ai piedi della croce, trafiggevano il cuore di sua madre, ma anche quello di Maria che sta qui e il mio.»

Maria si asciuga le lacrime appoggiando il capo su Giovanni, e singhiozzando dice: «Assistevamo impotenti davanti al male supremo: la morte del figlio di Dio. Come poteva l'uomo, con tutta la sua cattiveria, compiere un atto del genere?» Giovanni, anche lui emozionato, riprende.

«Tutti ci chiedevamo: «come era possibile che Gesù fosse il messia atteso se era morto nella massima debolezza e impotenza, nell'ignominia così umiliante della croce? Colui che predicava il regno di Dio moriva sulla croce come un malfattore!»

«Allora, gli dico, eravate sopraffatti dagli avvenimenti e non potevate capire. Ma oggi, Giovanni, rileggendo quei fatti, che risposte dai agli uomini del nostro tempo minacciati da un virus mortale?»

«Il suo modo di concepire il regno di Dio era diverso da quello di tutti gli altri gruppi religiosi di Israele. Egli proponeva un ribaltamento radicale di tutto ciò che si opponeva alla possibilità di vita vera e piena per tutti, e ciò implicava necessariamente un nuovo ordinamento della convivenza ad ogni livello. Per questo denunciò e combatté tenacemente e con grande coraggio atteggiamenti, rapporti e strutture che si opponevano ad esso. Anche voi, oggi, dovete combattere.»

«Combattere che cosa?»

«Combattere, anzitutto, un certo modo legalista di rapportarsi con Dio che fa dell'uomo uno schiavo e non un figlio. Egli diede chiari segni di non poter sopportare che il rapporto con quel Dio che invocava come "abbà", potesse essere vissuto nel timore e nella legalità. E soprattutto che una tale religiosità venisse imposta ad altri, riducendoli a schiavi viventi nella paura, stanchi e oppressi dal giogo di una legge. È questa una delle cause della sua morte violenta. Coloro ai quali davano fastidio e perfino incutevano paura il suo modo di concepire il rapporto con Dio e la sua critica a tutto il sistema religioso che su di esso poggiava, decisero di neutralizzare la sua azione eliminandolo dal popolo.»

Giovanni mi porta a considerare le vere cause della morte di Gesù. Forse sono le cause anche di tutti i mali della nostra società e che la pandemia attuale sta mettendo a nudo.

«Ho l'impressione, ribadisco, che dopo duemila anni su questo punto non sia cambiato molto. Tutto va avanti o si ferma sulla base della motivazione dell'uomo che ha costruito tutte le organizzazioni sulla base dei sistemi economici. Il valore virtuale delle cose condiziona le scelte e determina il funzionamento delle organizzazioni umane. Nessuna cosa ha un valore oggettivo ma sempre collegato al valore che noi diamo. Dov'è il tuo tesoro li è anche il tuo cuore. Ed i cuori creano i tesori. Gli scambi e le transazioni umane sono mediate dal denaro che, pur essendo una convenzione creata dall'uomo, di fatto rappresenta un valore imprescindibile. Tutto viene sempre letto con i numeri. Difficile entrare in una logica che non sia del mondo mentre si vive nel mondo. Unica via d'uscita autentica è la fede, che altro non è che la fiducia verso qualcosa che sentiamo e sperimentiamo nel concreto della nostra vita, e che crediamo sia veramente di grande valore. Purtroppo nessuno, nella amministrazione della cosa pubblica, è autorizzato a proporre programmi sulla base della fede. Ne consegue che l'uomo si trova scisso tra istanze apparentemente inconciliabili tra loro. Da un lato ciò che sente nel segreto del suo cuore, dall'altro ciò che la terra richiede e pretende. La soluzione ovviamente esiste, ed è attendere che l'umanità, tutta intera, arrivi finalmente a scegliere sulla base di ciò che sente nel suo cuore e lo faccia diventare la base dei sistemi economici. E tutto questo perché sarà evidente che questa è la soluzione oggettivamente migliore. La fede come istanza essenziale dell'uomo. Quanto dovremo ancora attendere perché questo realmente accada?»

«E' un processo lento. E' una nuova creazione. Un nuovo rapporto con Dio e con i fratelli. Non era facile neppure per noi. Questo richiedeva una conversione totale della mente e del cuore. Gesù contestò, inoltre, il sistema di purità legale vigente ai suoi giorni, un sistema che spaccava il mondo in due: persone, animali e cose pure, e persone, animali e cose impure. Una divisione a sfondo religioso, ma che aveva poi delle ricadute sociali molto notevoli. Egli non solo non vi si sottopose, ma lo trasgredì consapevolmente quando andavano di mezzo il bene, la felicità e la vita di qualcuno. Per lui non esistevano le caste: né quelle sociali, né quelle economiche, e tanto meno quelle religiose.»

«Ma la sua morte fu una fatalità divina? Anche ai miei giorni di fronte al coronavirus che miete tante vittime innocenti, molti dicono: "Non c'è niente da fare, è una fatalità! Ci affidiamo all'immunità del gregge: a chi la tocca la tocca!"»

«No, fratello, la morte in croce di Gesù non è espressione di quella fatalità divina che erroneamente pensate. Non è neppure qualcosa che non abbia uno stretto legame con tutto ciò che egli fece precedentemente. È invece l'apice di una esistenza vissuta per il regno di Dio. Perciò è la massima manifestazione del suo amore per la vita in pienezza degli uomini.»

«Ma tu, Giovanni, quando hai cominciato a capire questo mistero?»

«Tutto è iniziato quel giorno, il primo giorno della settimana, il primo giorno di una nuova era, di una nuova realtà, di una nuova epoca della storia. Una nuova creazione. E' il mattino della risurrezione. Ti ricordi Maria?»

«Si, Giovanni. Faceva ancora buio. La notte era nei nostri cuori, ma nelle tenebre cominciava ad apparire una nuova luce. Ero andata al sepolcro per piangere. Arrivata sul posto vedo che non c'è più la pietra. Era stata ribaltata. Mi chiedevo chi aveva potuto fare una cosa del genere. Sfidando le tenebre sono andata di corsa a chiamare Pietro e Giovanni. Gridai: "Hanno portato via il Signore dalla tomba e non sappiamo dove lo hanno posto!" Pietro e tu, Giovanni, all'udire queste parole, vi siete messi a correre. Tu correvi più veloce di Pietro e sei giunto per primo alla tomba e chinato hai visto le bende che stavano a terra, tuttavia non sei entrato. Arrivò anche Pietro, che ti seguiva, ed entrò nella tomba e osservò le bende che stavano a terra, e il sudario, che era sulla sua testa, il quale non stava a terra con le bende, ma riavvolto in un luogo in disparte. Allora sei entrato anche tu Giovanni.» Un lungo silenzio segue il racconto di Maria. A bassa voce, oso chiedere.

«Cosa hai visto, Giovanni?»

«Si, sono entrato. Ho visto e ho creduto. Tutto è cominciato lì, in quel momento. Avevamo seguito Gesù per tre anni ma non avevamo capito chi era, eravamo nel buio più totale.»

«Giovanni, gli dico, se tu sapessi come la tua storia illumina la mia! Questa è la domanda cruciale. Chi era quell'uomo che tu hai incontrato duemila anni fa ed io ho incontrato in stazione Termini nel 1973?»

«L'ho scritto e lo ripeto ancora. Io parlo di ciò che noi abbiamo udito, ciò che noi abbiamo veduto con i nostri occhi, ciò che noi abbiamo contemplato e ciò che le nostre mani hanno toccato, ossia che Dio si è reso visibile in Gesù Cristo, suo figlio.»

«Tu hai visto, hai creduto e ne hai dato testimonianza. Come dare testimonianza di questo in un mondo che non crede più ed ha eliminato Dio dal suo orizzonte?»

«A Dio niente è impossibile. Così come ha aperto una breccia nella mia vita e nella tua vita, può aprire spiragli di luce in tutti i tempi e nei cuori più induriti. La vita è un'avventura...e non si può vivere sempre da turisti.»

«Lo stiamo capendo lentamente adesso che la pandemia da coronavirus ci costringe a stare in casa. È bastato il più piccolo e informe elemento della natura, un virus, a ricordarci che siamo mortali, che la potenza militare e la tecnologia non bastano a salvarci. Il silenzio fa riemergere domande che sembravano sepolte per sempre. Mentre attorno a noi muoiono parenti o amici, una domanda ritorna con prepotenza alla superficie: Perché vivo? La risposta non è più scontata. Queste vicende dolorose fanno emergere ineludibile la questione: vale la pena vivere? Come merita vivere? Una risposta vale l'altra?»

«Seguendo Gesù anche noi ci ponevamo le stesse domande.»

«Ma quali risposte all'umanità malata che non ha più lacrime per piangere i morti?»

«La storia si ripete. Qui non abbiamo la pandemia di coronavirus, ma abbiamo un esercito che circonda Gerusalemme. La fame costringe le mamme ad uccidere i propri figli per mangiarli. C'è dolore più disperato e straziante di questo? L'unica speranza che ci rimane è quel sepolcro vuoto. E' la certezza che Dio è più forte di ogni virus, anche del virus della morte che ci portiamo dentro.»

«Queste situazioni ci dicono quanto la nostra esistenza sia preziosa, non esiste una vita di ricambio. Nello steso tempo è un'esistenza fragile, esile come il respiro che bene la rappresenta. Malattia e morte sono in agguato costante. Il coronavirus ti toglie il respiro e muori. Di qui l'interrogativo che molti giovani si pongono: cosa è la vita? Quale è il pregio di essere vivente rispetto all'essere morto? Perché la vita ha tanto valore? E' paradossale: in un tempo in cui pensavamo di manipolare la vita senza regole, proprio adesso ci rendiamo conto che non siamo noi i proprietari. La vita, non è nostra produzione, sia riguardo alle radici, all'inizio, sia riguardo alla fine. Nessuno si fa da sé in qualche laboratorio, ma si sente donato di vita dai genitori, dai genitori dei genitori... Lui stesso la dona ai figli... Vi è un anello primo ed ultimo della catena che ci spieghi l'origine e il senso del vivere e del morire? Quale è il suo progetto nel dare la vita alle persone, ma anche alle piante e agli animali? Lui stesso è vivente: ma in che senso? Dio come vive la sua vita? Come la pensa per noi? Come dà la vita, Dio dà anche la morte dell'uomo? E' un castigo per le nostre malvagità?»

Giovanni mi ferma. Le mie domande lo sommergono. Ha bisogno di tempo per metterle insieme e gettare un po' di luce su quell'intreccio ingarbugliato e misterioso di interrogativi. Forse non era preparato a questo genere di domande che vengono da un altro mondo.

«Se questi flagelli fossero castighi di Dio, non si spiegherebbe perché essi colpiscono ugualmente buoni e cattivi, e perché, di solito, sono i poveri a portarne le conseguenze maggiori. Sono forse essi più peccatori degli altri? No! Colui che un giorno pianse per la morte di Lazzaro, piange oggi per il flagello che si è abbattuto sull'umanità. Sì, Dio "soffre", come ogni padre e ogni madre. Quando un giorno lo scopriremo, ci vergogneremo di tutte le accuse che gli abbiamo rivolte in vita. Dio partecipa al nostro dolore per superarlo. Nel sepolcro vuoto ho capito che Dio è il Dio dei vivi e non dei morti. Siccome poi in Dio la vita è piena e felice, per l'uomo, creato a somiglianza di Dio, la vita è tale quando è bella, è sana, e gustata come vita, senza limiti. La pandemia di coronavirus nel suo doloroso dramma vi ha riportati alla serietà della vita e a porvi le domande essenziali. Essa non è una cosa scontata, affatto banale, tanto preziosa quanto fragile, è immersa nel dramma, ma dove Dio stesso entra in scena non l'abbandona più, non può lasciarla andare alla deriva.»

«Molti dei miei fratelli hanno perso questo senso religioso della vita. Vivono senza speranza e cadono nella morte come in una trappola. Il dolore, la sofferenza, il coronavirus, sono motivi in più per gridare o bestemmiare: dov'è Dio e, se c'è, perché permette tanto male?»

«Da sempre è stato difficile accettare che la vita è limitata, è un soffio, che non cessa di dipendere da Dio, il quale "fa morire e fa vivere". E' un dono e il donatore pone delle regole di vita. E' inutile arrabbiarsi. Non è un capriccio, ma ci ricorda che la vita è un impegno che sempre di più si mostrerà come responsabilità morale verso la vita: non basta vivere, c'è il come vivere.»

«Sappiamo bene che la vita è breve, è una folata di fumo, un'ombra, un niente. Ma che senso ha se tutto finisce con la morte? Chi ci può dare una risposta non solo teorica, ma una assicurazione concreta di continuare a vivere, sia pure, almeno si spera, in modo diverso e migliore di prima? La morte è l'ultimo atto della vita? Chi, se non Dio, può rispondere credibilmente, con i fatti, a questo interrogativo? Ebbene cosa ha detto Dio?»

«Questa domanda è inevitabile a riguardo del futuro della vita. La certezza di essere mortali è assoluta e d'altra parte, nella normalità delle situazioni, quando la vita è serena e felice, sentiamo irresistibile la voglia di vivere per sempre.»

«Dio ha risposto con la vita, la morte e la risurrezione di Gesù. L'ha detto chiaramente: "Sono venuto per dare la vita, e darla in abbondanza". La vita è difficile, essa è esposta alle tentazioni del male-maligno, per cui la vita non solo va protetta, ma salvata. Non per nulla l'ultima invocazione del Padre Nostro risuona come un grido: "Non abbandonarci alla tentazione, ma liberaci dal male". Ebbene proprio l'azione di Gesù per la vita delle persone è l'esaudimento di quel grido. Sopravvivere alla morte. Egli dice che si può, ed egli se ne fa garante.»

«In questo momento l'invocazione che si leva è: "Non abbandonarci al coronavirus". E' un male invisibile, contagioso, come una sfida a Dio stesso. Le parole non bastano a descrivere quello che stiamo vivendo in questo tempo. Quest'anno nel giorno di Pasqua, giorno della risurrezione, giorno in cui avremmo dovuto essere felici con le persone più care, con le nostre memorie nel cuore, ci ritroviamo soli e disperati. Ci assale il sapore della sconfitta. La nostra generazione di uomini, di medici e scienziati ha fallito. Consegniamo ai nostri figli un mondo peggiore di come lo abbiamo ereditato. Non siamo riusciti a contrastare una falsa concezione della scienza, una deriva scientista contraria alla natura dell'uomo e dell'ambiente in cui vive. Non siamo riusciti ad opporci all'esasperazione del concetto della chimica come unica forma di terapia per l'essere umano. Abbiamo mortificato intelligenze, distrutto il futuro di giovani brillanti. Non siamo riusciti ad opporci alla distruzione dell'ambiente in nome del profitto. Ricade su di noi e sulle nostre coscienze un enorme carico di sofferenza che deliberatamente o involontariamente abbiamo indotto. Abbiamo messo un'intera società in gabbia e adesso non sappiamo come uscirne, perché tutta la nostra inconsistente scienza non sa trovare un rimedio a questo dramma.»

«Quel coronavirus di cui mi parli è una sfida all'uomo d'oggi. Dice una cosa: fermatevi! Rientrate in voi stessi. Ritornate a casa! Non è una prigione, è un rifugio. Fermate quella corsa sconsiderata verso il vuoto. Nel silenzio dentro di voi, ascoltate la domanda che Dio vi rivolge: «Adamo, uomo del terzo millennio, dove sei?». Ogni volta che Dio pone una domanda di questo genere non è perché l'uomo gli faccia conoscere qualcosa che lui ancora ignora: vuole invece provocare nell'uomo una reazione suscitabile solo attraverso una simile domanda, a condizione che questa colpisca al cuore l'uomo e che l'uomo da essa si lasci colpire al cuore.»

«Siamo angosciati proprio perché ci manca questa capacità di stare da soli, a casa, e di ascoltare. Il silenzio ci spaventa. Abbiamo fatto di tutto per uccidere il silenzio, e adesso ci spaventa da morire. Anche la quarantena che ci viene imposta, non è vista come un'occasione di fare verità dentro di noi, ma è vista piuttosto come un nascondimento. Abbiamo paura. Ci nascondiamo dagli amici, dai parenti, da Dio. La storia ci giudicherà, ci giudicherà senza un minimo d'indulgenza.»

«Come Adamo vi nascondete per non dover rendere conto, per sfuggire alla responsabilità della vostra vita. Così si nasconde ogni uomo, perché ogni uomo è Adamo e nella situazione di Adamo. Per sfuggire alla responsabilità della vita che si è vissuta o che si vive, l'esistenza viene trasformata in un congegno di nascondimento. Proprio nascondendosi così e persistendo sempre in questo nascondimento "davanti al volto di Dio", l'uomo scivola sempre, e sempre più profondamente, nella falsità. Si crea in tal modo una nuova situazione che, di giorno in giorno e di nascondimento in nascondimento, diventa sempre più problematica. L'uomo non può sfuggire all'occhio di Dio ma, cercando di nascondersi a lui, si nasconde a se stesso. E' proprio in questa situazione che lo coglie la domanda di Dio: vuole turbare l'uomo, distruggere il suo congegno di nascondimento, fargli vedere dove lo ha condotto una strada sbagliata, far nascere in lui un ardente desiderio di venirne fuori.»

«"Io resto a casa", è l'invito, anzi l'obbligo che ci viene imposto in continuazione. Ma stare a casa perché? Non solo per non contagiare o essere contagiati, ma per riprenderci la vita nella sua pienezza. Pochi ascoltano la voce di Dio che chiede: "Adamo, tu che ti chiudi in casa, dove sei?", perché quando questa domanda giunge all'orecchio, il cuore trema. Il congegno di nascondimento che è dentro di noi ci permette di restare padroni anche di questa emozione del cuore, anche se ci chiudiamo in casa. In questo momento questa voce ci giunge durante una tempesta, una pandemia che avvolge tutta l'umanità. Ma la voce di Dio è la voce di un silenzio simile a un soffio, ed è facile soffocarla. Finché questo avviene, la vita dell'uomo non cambia. Finito il coronavirus si ritorna alla vita sfrenata e insensata di prima.»

«Non ci rimane in questo tempo particolare di quarantena che affrontare la voce di Dio, riconoscere di essere in trappola e confessare: "Ci siamo nascosti".

«L'esperienza ci dice che la morte fa spontaneamente paura, tanto più dove è intenso l'amore alla vita, amore per altro iscritto nell'uomo da Dio stesso. Se la vita non supera la morte, appare subito come una mezza vita. Senza futuro, e futuro giusto e migliore del presente, si finisce di vivere con angoscia, o fatalismo o ribellione disperata. E' così grosso questo problema da diventare banco di prova sulla stessa identità di Dio: buono o cattivo, capace o incapace».

«Non c'è dubbio che Dio è il datore della vita e Gesù Cristo è venuto a darcela in pienezza: In lui era la vita e la vita era luce degli uomini". Una vita piena e felice. E' l'uomo di tutti i tempi che deve decidersi per la vita.»

«Mi sembra proprio quello che abbiamo smarrito: il senso e il valore della vita. La pandemia del coronavirus ci sta riproponendo, in modo drammatico, questa scelta. Tu, che hai sentito battere il cuore di Gesù, cosa dici agli uomini d'oggi?»

«Dico che Dio è decisamente amante della vita, Dio sta dalla parte della vita. Ha iniziato la vicenda dell'umanità, creando persone vive, dotate del suo stesso soffio vitale. Non ha fatto la morte, ma in Gesù si è impegnato nel salvare la vita quando questa era esposta ad un clamoroso fallimento. La vita vale per se stessa, nella sua autonomia. Potremmo dire, è laica. Cioè è in se stessa un segno, anzi un dono di Dio, quello che ha pensato come il dono più grande per l'uomo, per cui assomiglia a Dio, il vivente.»

«Non si può credere veramente a Dio se non si crede alla vita. Onorare la vita è onorare Dio. Questo è il vero culto che dobbiamo celebrare ogni giorno.»

«La certezza di Dio come fonte della vita si prolunga nella certezza che Dio è anche ragione di vita, colui che dona le motivazioni ultime e radicali, per cui il vivere umano entra nelle altezze del progetto di Dio, senza fratture tra vita naturale e vita divina, tra corpo e anima, tra interessi quotidiani come il lavoro, lo sposarsi, il nascere e il morire, e la relazione con Dio. Questo comporta la convinzione e la condotta corrispondente che la componente religiosa della vita fa parte intrinseca della vita, non è né un additivo né un peso.»

«Tu vedi, Giovanni, cosa sta succedendo qui a Gerusalemme. La gente muore di fame. Nel mio paese si sta combattendo una guerra contro un nemico invisibile, subdolo. Non basta chiudersi in casa. Il sospetto di contagio è anche sulle persone più intime. E' un nemico che ti penetra nel corpo e ti lascia senza respiro. La vita è un cantiere dalle molte esperienze, dove quelle negative sembrano superare quelle positive, o comunque lasciano tante ferite, turbamenti, paure, desiderio di morire.»

«In questi tempi difficili per noi e per voi è bene riprendere coscienza che la vita ha bisogno di salvezza. Lo si dimentica facilmente. In questa storia così fragile e ferita, la vita di Gesù Cristo è decisiva. E' stata decisiva per noi, è decisiva per voi. Lui ha dato la sua vita per liberare la nostra dal male, indicando in una vita autocentrata, chiusa all'amore, il virus che la corrode dal di dentro, e mostrando nel dono di sé la potenza della risurrezione sua e nostra.»

«Ma cosa dobbiamo fare in questa avventura dove ci sentiamo schiacciati dal presente e dall'emergenza continua? E' difficile staccarci dalla realtà che si presenta sempre con le sue urgenze inderogabili.»

«Bisogna accettare di battersi contro i germi o virus di morte che sono dentro di noi o attorno a noi. Questa è la nostra croce come la sua. Chi non soffre per la vita, finisce coll'impoverirla e farla casa dei mille compromessi. Ma vi è anche una dinamica positiva: aiutare la vita degli altri. Il campo è immenso. Da quando la prima vita è nata sotto la benedizione di Dio, noi abbiamo la vocazione alla benedizione reciproca. Senza benedizione la vita si spegne.»

«La guerra che ci proponi, Giovanni, sembra una guerra impossibile. È la guerra contro il coronavirus, contro un nemico che inquina le relazioni. Come eliminare i germi di morte che sono nel nostro cuore? La purificazione del cuore è un'opera al di sopra delle nostre forze, ed è in effetti qualche cosa di molto grande e impegnativo e inquietante, perché il nostro cuore è misterioso: ciò che succede nel nostro cuore noi non lo dominiamo. Nel nostro cuore c'è di tutto: oltre alla volontà, più o meno orientabile, ci sono pensieri che spesso sembrano impazziti, desideri, sogni e istinti; molte cose che si annidano in esso e che più cerchiamo di chiarire, più mostrano la loro complessità.»

«Fratello, con la venuta di Gesù, Dio e l'uomo lavorano insieme: non c'è da una parte il lavoro di Dio e dall'altra parte il lavoro dell'uomo. Il lavoro di Dio è una mano tesa che invita la mano dell'uomo a rispondere. Anche se le due forze non sono paragonabili, il lavoro di conversione, di purificazione, è sempre una sinergia: Dio e l'uomo insieme; Dio che previene e l'uomo che risponde.»

«A volte questa mano usa la dolcezza, altre volte la severità. Oggi abbiamo l'impressione di una mano pesante, implacabile.»

«Si, a volte la sua azione ci fa male e ci fa soffrire, perché quelli che ama li rimprovera e li castiga. E' la sua pedagogia per insegnarci ad amare sul serio. Questo è il ruolo del tempo, della storia, delle vicissitudini che stiamo vivendo qui a Gerusalemme e di quelle che state vivendo voi al tempo del coronavirus; tutte devono insegnarci la vera sapienza. Dio ci purifica attraverso la vita. Ci sono avvenimenti che sentiamo come forti contraddizioni, inspiegabili; sembrano grossi ostacoli, ma attraverso loro Dio ci conduce, per liberarci, per purificarci da fantasie, illusioni di onnipotenza, sogni e falsi attaccamenti. La vita è fatta di continui distacchi. L'unica cosa da cui non ci distacca è questa tensione che ci riporta al centro del nostro cuore assetato di felicità.»

«Prima di lasciarti, Giovanni, ancora una volta ti chiedo, ti supplico, tu che hai poggiato il tuo capo sul cuore di Gesù, cosa debbo dire ai miei fratelli angosciati per il dilagare di una pandemia che non risparmia nessuno, ai miei fratelli che si sono chiusi in casa, terrorizzati, impauriti, minacciati anche dalle persone più care?»

«La mia risposta è sempre la stessa, e non mi stanco di ripeterla ancora oggi anche ai tuoi fratelli che dubitano dell'amore di Dio. Dio è un Padre che è amore, e continuamente offre il suo amore agli uomini, indipendentemente dal loro comportamento. Nel Padre non c'è castigo, ma solo perdono. Il suo amore è talmente gratuito da essere benevolo verso gli ingrati e i malvagi. Il paradiso non è irrimediabilmente perduto, ma c'è un paradiso da costruire insieme, realizzando la piena armonia delle creature con il creato e il suo Creatore. Chiedete a Dio che arresti la peste, la pandemia, ma rimboccatevi le maniche e liberate nuove inedite energie d'amore e di generosità capaci di arginare il male, nella certezza di essere già da adesso più che vincitori, perché la luce splende nelle tenebre e le tenebre non l'hanno vinta, e mai vinceranno. Cristo è risorto, io ho visto il sepolcro vuoto, ho visto il Cristo vivo dopo la sua morte e ne dò testimonianza anche agli uomini d'oggi, ai tuoi fratelli del terzo millennio.»

Elia si avvicina alla finestra. Filtrano le prime luci dell'alba. Mi si avvicina e mi dice: «E' questo il momento buono per partire. Non è buio completo e non è pieno giorno. Tutte le ombre si rassomigliano. Fai attenzione. Un minimo sospetto ed è finita.»

Mi avvicino a Giovanni, l'avrei ascoltato ancora per tutto il giorno ma l'importante per me è aver sentito dalla sua voce il racconto della risurrezione. Con lui termina il mio viaggio per incontrare i testimoni del risorto. Mi congedo da Maria che ha voluto accompagnarmi per tutto il viaggio. La sua presenza per me è stata importante. La sua delicatezza femminile unita a una grande discrezione mi ha permesso di incontrare i discepoli di Gesù testimoni della risurrezione. Sicuramente ce ne sono tanti altri, ma questi mi interessavano particolarmente. Se il Cristo è apparso vivente dopo la sua morte, chi può impedirgli di mostrarsi vivo in qualsiasi parte del mondo e in qualsiasi tempo? Per lui il tempo e lo spazio non esiste più. La rivelazione continua e non rispetta i criteri umani. La Palestina e stazione Termini sono terre sacre, perché il vero luogo sacro è la sua presenza e rimane sempre una sorpresa che ci lascia sempre con la domanda: era veramente lui o un'illusione? Questa domanda esige sempre la libertà e la responsabilità di una risposta.

Esco rasentando i muri per non farmi notare.

Mi ritrovo solo in mezzo alla distruzione e alla desolazione più grande. Attorno a me solo segni di morte. Gli abitanti di Gerusalemme, terrorizzati, fuggono senza sapere dove andare. Mi avvicino ad un ufficiale e gli dico che sono un cittadino straniero rimasto intrappolato in città durante l'assedio. Mi accompagna fuori, all'aperto, in un accampamento di raccolta riservato agli stranieri. Disteso per terra ripenso ai miei fratelli. In lontananza vedo la città che brucia immersa in una enorme nuvola di fumo nero e di cenere. Da quel cumulo di macerie fumanti si levano le parole di Gesù: "Gerusalemme, Gerusalemme, che uccidi i profeti e lapidi quelli che sono inviati, quante volte ho voluto raccogliere i tuoi figli, come una gallina raccoglie i pulcini sotto le ali, e voi non avete voluto! Ecco la vostra casa vi sarà lasciata deserta! Vi dico infatti che non mi vedrete più finché non direte: Benedetto colui che viene nel nome del Signore!".

Stazione Termini

Ho lasciato Gerusalemme in fiamme e mi ritrovo a Roma dopo un lunghissimo viaggio. Stazione Termini è deserta. Mi sembra di essere sbarcato sulla luna. Non c'è anima viva, uno spettacolo surreale. Sembra che anche qui, come a Gerusalemme, sia passato l'angelo sterminatore. Roma è irriconoscibile, avvolta in un silenzio di tomba. Cosa sta succedendo? Un vigile mi risponde dicendo che la pandemia del coronavirus sta mietendo vittime e non si fa in tempo neppure a seppellire i morti. Vedo, infatti, lunghe code di camion militari che trasportano le bare.

Il mondo è cambiato da quell'estate del 1973. Dov'è quella folla di gente che andava e veniva, che correva da una parte all'altra per prendere il treno per il nord o per il sud? Gente che correva. Una folla in preda a un'emergenza continua. Ora c'è un'altra emergenza: si chiama coronavirus. Ripenso a quelle scene di panico di donne, bambini, vecchi che correvano disperatamente per le strade di Gerusalemme per sfuggire al massacro. Qui non sono scappati, sono chiusi in casa terrorizzati, ma hanno gli stessi occhi e gli stessi volti di coloro che sono presi dal terrore e vogliono fuggire da una minaccia imminente. Adesso tutto è immobile, la vita è rimasta paralizzata dalla paura. In tempo normale c'erano i negozi, i grandi supermercati, i tabelloni pubblicitari che facevano di tutto per distrarre e catturare l'attenzione con luci e colori allettanti. Molti ingannavano l'attesa lasciandosi incantare da questi spot disposti strategicamente in tutti gli angoli della stazione.

Attraverso la stazione deserta con la mia valigia in mano. Mi fermo proprio al centro, nel punto in cui, quella sera d'estate del 1973, ho incontrato il Cristo risorto. Mi guardo attorno. Di fronte a me c'è un McDonald's tristemente vuoto. Penso a Maria Maddalena che davanti al sepolcro vuoto piange e chiede all'ortolano dove ha portato il corpo di Gesù. Penso alla gioia che ha provato quando ha sentito pronunciare il suo nome: "Maria!". Anch'io, proprio in questo posto, ho sentito qualcuno che mi ha chiamato: "Amico!". Ricordo anche le parole di Maria, là sulla terrazza di casa che dava sul lago: "Il tempo e il luogo di un nuovo inizio non lo decidono gli uomini, lo decide lui!". Dunque, dicevo tra me, anche qui in Stazione Termini, di fronte a un McDonald's, il Cristo risorto può incontrare un povero peccatore del terzo millennio come me, e questo può essere un nuovo inizio dove l'impossibile è accaduto. Tutto sembrava così normale, abituale, di uno spessore quotidiano e umano talmente impenetrabile che sembrava impossibile che si fosse aperta una breccia d'eternità, anche se per pochi istanti, proprio lì in mezzo al caos di stazione Termini. Eppure, avevo la ferma convinzione che lì, nel cuore del quotidiano più banale, tutto era iniziato, che l'impossibile era accaduto lì, al centro di stazione Termini, quella sera d'estate del 1973. Al pensare queste cose mi viene una certa angoscia e il dubbio atroce di una terribile illusione per aver costruito tutta la mia vita sulla sabbia, su una fragile e inutile fantasia. Se questo non è vero, mi dico, tutta la mia vita è una terribile, irrimediabile illusione. Ancora una volta mi assale la tentazione della "normalità". Una normalità che sconfina nell' l'incredulità. Tommaso mi aveva messo in guardia: "la linea di demarcazione tra il tutto e il nulla è fragilissima". Rinasce in me "didimo", il gemello, il doppio. Infatti lì, al centro della stazione, poteva essere accaduto tutto o nulla. Questa tentazione poteva insidiare anche Giovanni nel sepolcro vuoto, ma lui "ha visto ed ha creduto". Ma perché assillare la mia mente con tante domande e tanti dubbi? La vita di tutti i giorni mi presenta già un bel piatto pieno di problemi, vado a cercarmene altri di questo genere? Cristo è risorto duemila anni fa e basta! Il tempo delle apparizioni è finito! Il resto sono solo fantasie. Fantasia? Ecco la parola terribile che mi inchioda lì, in mezzo alla stazione. E se fosse solo una fantasia? Una illusione, anzi una sciagurata presunzione? Non so rispondere. Anche Tommaso diceva la stessa cosa: "fantasia! Se non vedo non credo!" Sono come paralizzato. Allora, il mio viaggio per incontrare Maria Maddalena, Cefa, Didimo, Cleopa, Giovanni, è stato tutto inutile? No, non è possibile. Mi consolano le parole di Pietro che, in quel momento, mi ritornano in mente: "Perché vuoi cancellare, dimenticare l'unico punto luminoso della tua vita? Cosa ti resta dopo? Una piccola breccia, Dio ha bisogno di una piccola breccia per entrare nel mondo e nella storia". Maria, la madre di Gesù, Maria di Magdala, sono state piccoli spiragli dove Dio si è insinuato nell'umanità. Come lo ha fatto duemila anni fa, lo può fare benissimo nel terzo millennio. E poi, mi dico, non vale la pena scommettere sul tutto piuttosto che sul nulla? Cosa ci perdo! Si, mi dico ancora, Dio non si costruisce archi di trionfo come l'imperatore Tito dopo la distruzione di Gerusalemme. A lui basta una piccola breccia, un minuscolo spiraglio di luce. La mia vita è una vita come tutte le altre, una vita fatta di normalità, quotidianità, di fede e di incredulità intrecciate tra di loro. Una vita fatta di tante storie, a volte anche banali, ma storie vere che formano una storia degna di essere vissuta, un bel mosaico. Ma in questo percorso di quotidianità e normalità c'è stata una breccia, una piccolissima breccia, dove è penetrato, per pochissimi istanti, un raggio di eternità. Quella breccia, quella luce fragilissima, quell'incontro con Cristo risorto è diventato il centro della mia vita.

Mentre sto con questi miei pensieri, fermo in mezzo alla stazione, mi chiedo cosa fare. Pietro, illuminato dallo Spirito Santo, ebbe il coraggio di andare nella piazza di Gerusalemme e gridare: "Voi avete ucciso l'autore della vita, ma Dio lo ha risuscitato!". Io non posso farlo, perché non c'è nessuno, la stazione è tristemente deserta. Anche Paolo ebbe il coraggio di sfidare i filosofi di Atene sull'Areopago, ma non ebbe molta fortuna. Lo liquidarono con sorrisi ironici e sarcasmi di cattivo gusto. Che fare, dunque? Potrei cominciare a gridare e annunciare che ho incontrato Gesù Cristo vivo, risorto dai morti, proprio lì, di fronte al McDonald's di Stazione Termini. Questa stazione ha perso anche la curiosità dei filosofi dell'Areopago di Atene. M'immagino l'indifferenza o il sarcasmo della gente che ha come unica preoccupazione di acchiappare in tempo il treno che è in partenza. Ma, in fondo, cosa pretendo da una società che ha decretato la morte di Dio? Dio è morto, ed è morta con lui l'aspirazione ad una vita che non muore più. Ma non basta proclamare la morte di Dio perché l'anima umana si rassegni a non desiderare altro al di là di questo mondo. Capisco che l'uomo si è elevato e non vuole più entrare curvo nella dimora di Dio. Piuttosto il nulla che la servitù! C'è dignità e anche grandezza in questo atteggiamento. Ma perché l'uomo dovrebbe scegliere tra questi due destini: quello di uno schiavo per sempre e quello di una cosa insignificante e deperibile, vittima di un banale virus e portato al crematoio da un camion militare? Può rifiutare queste due disgrazie. Emancipato dalle dominazioni religiose e politiche, l'uomo non è più costretto ad annullarsi davanti a Dio poiché nessuno glielo chiede più. Mi pongo, perciò, la domanda: c'è un cielo per l'uomo che vuole stare in piedi? C'è un Dio che non vuole un uomo schiavo, ma un uomo libero che gli sia uguale? Forse in mezzo a tanta indifferenza, mi chiedo, rimane un desiderio. Il desiderio di reinserirsi nella linea delle generazioni, e non di essere padre a se stesso. Non essere il proprio Dio. Desiderio di essere situato in una umanità di trasmissione, di filiazione. Di avere origine e fine e di ritrovare, ma questa volta in prima persona, liberamente e coscientemente, la vita divina.

L'umanità non è il tabellone della Stazione Termini: fatto di arrivi e di partenze, senza storia e senza storie. Dove cercare? Cerco uno spiraglio in mezzo a questioni immense, uno spiraglio per il nostro tempo. Se l'uomo non ha smesso completamente di desiderare, di oltrepassare la sua condizione umana, bisogna cercarne traccia là dove l'uomo ha incontrato Dio. Uno spiraglio? Ma Maria Maddalena era stata chiara: "Lo spiraglio, fratello, si è già aperto. Non ha importanza che tutto sia luce nella tua vita: molti angoli rimarranno oscuri. Non esigere la bontà assoluta, non esiste. Non aggrapparti alla verità lampante: è una terribile presunzione. La tua ricerca è uno spiraglio. Ti sei accanito a chiuderlo, ad oscurarlo. Non ci sei riuscito. Arrenditi, adesso. Segui la piccola luce che ti indica il cammino. Non aver paura di guardare attraverso questo "spiraglio". Si, dopo quarant'anni questo spiraglio è rimasto aperto. Il tempo e i miei peccati non sono riusciti a chiuderlo o ad oscurarlo. Risuona ancora quella parola pronunciata qui davanti al McDonald's di Stazione Termini: "Amico, il Padre ti ha sempre amato, ti ama e ti amerà sempre!". E' questa la luce entrata nella mia vita attraverso quel piccolissimo spiraglio. Luce di risurrezione, per cui posso dire anch'io come Maria Maddalena, come Pietro, come Didimo, come Cleopa, come Giovanni: "Qui tutto è iniziato, e l'impossibile è accaduto!". Non importa che tutto sia luce, che tutto sia verità, che tutto sia bontà attorno a te. Questo è solo il primo giorno dopo il sabato. E' il primo raggio di sole del nuovo giorno, inizia il tempo della risurrezione. L'importante è che, attraverso un piccolissimo spiraglio, sia penetrato nel tuo cuore. La fede rinasce da un incontro davanti al sepolcro vuoto come davanti al McDonald's della Stazione Termini. Insorge da una presenza infranta, da un silenzio che sprigiona una nuova relazione. Da una pandemia che incute paura e semina morte. Gesù appare per dire che è qui, ma è già altrove. Qui, ma allo stesso tempo non qui. Adesso, come lo è stato all'inizio della sua avventura umana con Maria, con Pietro, con Didimo, con Cleopa, con

Giovanni. E come lo sarà in un tempo futuro che sfugge ai nostri calcoli e alla nostra immaginazione. Questo ci impedisce di fare corpo su noi stessi, di essere il tutto, di radicarci, di piantarci definitivamente sulle strutture anche religiose. Ci impedisce di essere il centro, l'unico, ma ci apre alla relazione, all'infinito. La fede in Cristo risorto fa segno ad un futuro che viene, a ciò che ancora manca, ad una relazione con la morte e con gli spazi imprevedibili e sconosciuti che Dio si apre altrove e altrimenti. La fede cristiana è diventare l'ospite di un Altro che inquieta e fa vivere.

Questi pensieri ed altri attraversano la mia mente al centro di Stazione Termini ripensando a quell'incontro di una sera d'estate del 1973 e agli altri incontri con i testimoni del Cristo risorto.

In questo deserto spettrale e in un silenzio grondante angoscia sono colpito da una scena insolita. Un gruppo di barboni è steso per terra. Gli unici che non rispettano l'ordine categorico di stare a casa. Possono farlo, perché casa non ne hanno. Non hanno paura neppure del coronavirus, perché non hanno niente da perdere. Sono sporchi, con degli stracci addosso, e pieni di ferite in tutto il corpo. Dalla parlata capisco che sono rumeni, albanesi, africani. Uno di questi attira la mia attenzione in modo tutto particolare. E' un africano, ed ha delle ferite aperte e sanguinanti ai piedi e alle mani. Mentre tutti sono intenti a curare e fasciare le proprie ferite, l'africano cura le sue ferite ai piedi e alle mani una alla volta. Dopo aver lavato e fasciato accuratamente una piaga, si ferma e va verso i suoi compagni e li aiuta, con molta delicatezza. Si prende cura dei suoi compagni lavando i loro piedi sporchi e asciugandoli con un panno. Osservo a lungo questa scena pietosa di un povero straniero barbone che cura le sue ferite e, nello stesso tempo, si china con compassione verso i suoi compagni di sventura fasciando le loro ferite. Nei suoi gesti c'è un non so che di tenero e di misericordioso. Mi avvicino e lo guardo negli occhi. Sono occhi lucidi che hanno versato molte lacrime e sul punto di versarne altre. Lo fisso a lungo mentre cerco qualche moneta. Metto la mano in tasca e prendo tutto ciò che trovo. L'africano ha visto il mio gesto e mi tende la mano. Gli verso una bella manciata di monete nel cavo delle due mani.

Mi sorride e mi dice: "Grazie, amico!"

Corro di corsa verso l'unico taxi rimasto di fronte alla stazione.

Improvvisamente, una domanda trafigge la mia mente: "E se fosse il Cristo risorto?"

Era l'anno 2020

Indice

Printed by Books on Demand GmbH, Norderstedt / Germany